AXEL KÜHNER (HG.) · GUT UND GERNE

AXEL KÜHNER (HG.)

GUT UND GERNE

Überlebensgeschichten *nicht* für jeden Tag

AUSSAAT

2. Auflage 1997

Umschlaggestaltung nach einem Entwurf von Prof. Kurt Wolff, unter Verwendung eines textilen Objekts der Werkstatt für evang. Paramentik Düsseldorf-Kaiserswerth.
Satz: Graphische Werkstätten Lehne GmbH, Grevenbroich
Druck: Bercker Graphischer Betrieb GmbH, Kevelaer
Printed in Germany
ISBN 3-7615-4923-7
Bestellnummer 154923

Inhalt

Der kürzeste Weg zwischen einem Menschen
und der Wahrheit ist eine gute Geschichte.

****

Der eigensüchtige Riese

Oscar Wilde

An jedem Nachmittag, wenn die Kinder aus der Schule kamen, gingen sie in den Garten des Riesen und spielten da. Es war ein großer, hübscher Garten mit weichem Gras. Hier und da auf dem Rasen standen schöne Blumen wie Sterne, und da waren auch zwölf Pfirsichbäume, die im Frühling zartrosa und perlweiß blühten und im Herbst reiche Frucht trugen. Die Vögel saßen auf den Bäumen und sangen so süß, daß die Kinder immer wieder in ihren Spielen innehielten, um zu lauschen. „Wie glücklich wir hier sind", riefen sie einander zu.

Eines Tages kam der Riese nach Hause. Er war auf Besuch bei seinem Freund gewesen, dem gehörnten Menschenfresser, und sieben Jahre bei ihm geblieben. Als die sieben Jahre um waren, war alles gesagt, was er ihm zu sagen hatte, denn sein Gesprächsstoff war sehr beschränkt, und so beschloß er, auf sein eigenes Schloß zurückzukehren.

Als er nach Hause kam, sah er die Kinder im Garten spielen. „Was tut ihr hier?" rief er mürrisch, und die Kinder liefen weg. „Mein Garten, das ist mein Garten", sagte der Riese, „das sieht jeder ein, und ich erlaube niemandem sonst, darin zu spielen, als mir selber." Also baute er eine mächtige Mauer ringsum und stellte eine Warntafel auf:

UNBEFUGTES BETRETEN DIESES GRUNDSTÜCKS IST BEI STRAFE VERBOTEN!

Es war ein sehr eigensüchtiger Riese.

Die armen Kinder hatten jetzt nichts mehr, wo sie spielen konnten. Sie versuchten es auf der Landstraße, aber die Landstraße war sehr staubig und steinig, und sie mochten sie nicht leiden. So gingen sie also, wenn die Schule aus war, um die große Mauer herum und sprachen von dem schönen Garten dahinter. „Wie glücklich waren wir da", sagten sie zueinander.

Dann kam der Frühling, und über der ganzen Gegend waren

kleine Blüten und kleine Vögel. Bloß in dem Garten des eigensüchtigen Riesen blieb es Winter. Die Vögel machten sich nichts daraus, darin zu singen, weil keine Kinder da waren, und die Bäume vergaßen zu blühen. Einmal steckte eine schöne Blume ihr Köpfchen aus dem Gras hervor, aber als sie die Warntafel sah, war sie so betrübt um die Kinder, daß sie wieder in den Boden hineinschlüpfte und weiterschlief.
Die einzigen Leute, die sich freuten, waren der Schnee und der Frost. „Der Frühling hat diesen Garten vergessen", riefen sie, „so wollen wir hier das ganze Jahr hindurch leben." Der Schnee deckte das Gras mit seinem großen, weißen Mantel, und der Frost bemalte alle Bäume silberweiß. Dann luden sie den Nordwind ein, bei ihnen zu wohnen, und er kam. Er war in Pelze ganz eingehüllt und brüllte den ganzen Tag durch den Garten und blies die Schornsteine herunter. „Das ist ein ganz herrlicher Platz", sagte er, „wir müssen den Hagel auf eine Visite bitten." Und so kam der Hagel. Jeden Tag prasselte er drei Stunden lang auf das Schloßdach herunter, bis er fast alle Schieferplatten zerbrochen hatte, und dann lief er rund um den Garten, so schnell er nur konnte. Er war ganz grau angezogen, und sein Atem war wie Eis.
„Ich versteh nicht, warum der Frühling so spät kommt", sagte der eigensüchtige Riese, als er am Fenster saß und auf seinen kalten, weißen Garten hinuntersah. „Ich hoffe, das Wetter ändert sich bald." Aber der Frühling kam nie und auch nicht der Sommer. Der Herbst gab jedem Garten goldene Früchte, aber dem Garten des Riesen gab er keine. „Er ist zu eigensüchtig", sagte der Herbst. So war es da immer Winter, und der Nordwind und der Hagel und der Frost und der Schnee tanzten um die Bäume.
Eines Morgens lag der Riese wach im Bett, als er eine liebliche Musik vernahm. Es klang so süß an seine Ohren, daß er dachte, die Musikanten des Königs zögen vorüber. Aber es war bloß ein kleiner Hänfling, der vor seinem Fenster sang, nur hatte er so lange keinen Vogel mehr in seinem Garten singen hören, daß es ihm wie die schönste Musik der Welt vorkam.
Da hörte der Hagel auf, über seinem Kopf zu tanzen, und der

Nordwind zu blasen, und ein köstlicher Duft kam zu ihm durch den geöffneten Fensterflügel. „Ich glaube, der Frühling ist endlich gekommen“, sagte der Riese. Und er sprang aus dem Bett und schaute hinaus. Und was sah er? Er sah etwas ganz Wunderbares. Durch ein kleines Loch in der Mauer waren die Kinder hereingekrochen und saßen in den Zweigen der Bäume. In jedem Baum, den er sehen konnte, saß ein kleines Kind. Und die Bäume waren so froh, die Kinder wieder bei sich zu haben, daß sie sich ganz mit Blüten bedeckt hatten und ihre Arme anmutig über den Köpfen der Kinder bewegten. Die Vögel flogen umher und zwitscherten vor Entzücken, und die Blumen guckten aus dem grünen Gras hervor und lachten.

Es war so entzückend anzusehen, und nur in einem Winkel war es noch Winter, und dort stand ein kleiner Junge. Er war so klein, daß er nicht an die Äste hinaufreichen konnte, und er lief immer um den Baum herum und weinte bitterlich. Der arme Baum war noch ganz bedeckt mit Frost und Schnee, und der Nordwind blies und heulte über ihm. „Klettere herauf, kleiner Junge“, sagte der Baum und senkte seine Äste, so tief er konnte, aber der Junge war zu klein.

Da wurde des Riesen Herz weich, als er das sah. „Wie eigensüchtig ich doch war!“ sagte er. „Jetzt weiß ich, weshalb der Frühling nicht kommen wollte. Ich will dem armen kleinen Jungen auf den Baumwipfel helfen, und dann will ich die Mauer umwerfen, und mein Garten soll für alle Zeit der Spielplatz der Kinder sein.“ Er war wirklich sehr betrübt über das, was er getan hatte.

So schlich er hinunter und öffnete ganz leise das Tor und trat in den Garten. Aber als die Kinder ihn sahen, erschraken sie so, daß sie alle wegliefen, und im Garten wurde es wieder Winter. Bloß der kleine Junge lief nicht weg, denn seine Augen waren so voll Tränen, daß er den Riesen nicht kommen sah. Und der Riese kam leise hinter ihm heran, nahm ihn zärtlich auf seine Hand und setzte ihn hinauf in den Baum.

Und sogleich fing der Baum zu blühen an, und die Vögel kamen und sangen in ihm, und der kleine Junge breitete seine Ärmchen aus, schlang sie um den Hals des Riesen und küßte ihn auf den Mund. Und als die anderen Kinder sahen, daß der Riese nicht mehr böse war, kamen sie schnell zurückgelaufen, und mit ihnen kam auch der Frühling.

„Der Garten gehört jetzt euch, Kinder", sagte der Riese, und er nahm eine große Axt und hieb die Mauer um. Und als die Leute um zwölf Uhr zum Markt gingen, sahen sie den Riesen mit den Kindern spielen, in dem schönsten Garten, den sie je geschaut hatten.

Den ganzen Tag spielten sie, und am Abend kamen sie zum Riesen und wünschten ihm eine gute Nacht. „Aber wo ist denn euer kleiner Kamerad", fragte er, „der Junge, dem ich auf den Baum geholfen habe?" Der Riese liebte ihn am meisten, weil er ihn geküßt hatte. „Wir wissen es nicht", antworteten die Kinder, „er ist fortgegangen." „Ihr müßt ihm sagen, er soll sicher morgen wiederkommen", sagte der Riese. Aber die Kinder antworteten, sie wüßten nicht, wo er wohne, und sie hätten ihn nie zuvor gesehen. Da wurde der Riese sehr traurig.

Jeden Nachmittag nach Schluß der Schule kamen die Kinder und spielten mit dem Riesen. Aber der kleine Knabe, den der Riese so liebte, ließ sich nie mehr sehen. Der Riese war sehr gut mit den Kindern, aber er sehnte sich nach seinem kleinen Freund und sprach oft von ihm. „Wie gern möcht' ich ihn wiedersehn!" sagte er immer und immer.

Jahre vergingen, und der Riese wurde sehr alt und schwach. Er konnte nicht mehr unten mit den Kindern spielen, und so saß er in seinem mächtigen Armstuhl und sah ihnen zu und freute sich an seinem Garten. „Ich habe viele schöne Blumen", sagte er, „aber die allerschönsten Blumen von allen sind die Kinder."

An einem Wintermorgen sah er beim Ankleiden aus dem Fenster. Jetzt haßte er den Winter nicht mehr, denn er wußte, daß der Frühling nur schlief und die Blumen sich ausruhten. Plötzlich rieb er sich verwundert die Augen und sah und sah. Es war wirklich ein wundersamer Anblick. Im fernsten Winkel des Gartens war ein Baum ganz bedeckt mit lieblichen weißen Blüten. Seine Äste waren lauter Gold, und silberne Früchte hingen

an ihnen, und darunter stand der kleine Knabe, den er so geliebt hatte.
Hocherfreut eilte der Riese die Treppe hinunter und in den Garten. Er lief über den Rasen auf das Kind zu. Und als er ihm ganz nahe gekommen war, wurde sein Gesicht rot vor Zorn, und er sagte: „Wer hat es gewagt, dich zu verwunden?“ Denn an den Handflächen des Kindes waren Male von zwei Nägeln, und Male von zwei Nägeln waren an den kleinen Füßen. „Wer hat es gewagt, dich zu verwunden?“ rief der Riese. „Sag es mir, damit ich mein großes Schwert nehme und ihn erschlage.“
„Ach nein“, antwortete das Kind, „dies sind die Wunden der Liebe.“ „Wer bist du?“ sagte der Riese, und eine seltsame Scheu überkam ihn, und er kniete nieder vor dem kleinen Kind. Und das Kind lächelte den Riesen an und sprach zu ihm: „Du ließest mich einst in deinem Garten spielen, heute sollst du mit mir kommen in meinen Garten, in das Paradies.“
Und als die Kinder an diesem Nachmittag hineinstürmten, da fanden sie den Riesen tot unter dem Baume liegen und ganz bedeckt mit weißen Blüten.

Der kluge Richter

Johann Peter Hebel

Daß nicht alles so uneben sei, was im Morgenlande geschieht, das haben wir schon einmal gehört. Auch folgende Begebenheit soll sich daselbst zugetragen haben. Ein reicher Mann hatte eine beträchtliche Geldsumme, welche in ein Tuch eingenäht war, aus Unvorsichtigkeit verloren. Er machte daher seinen Verlust bekannt und bot, wie man zu tun pflegt, dem ehrlichen Finder eine Belohnung, und zwar von hundert Talern, an. Da kam bald ein guter, ehrlicher Mann dahergegangen. „Dein Geld habe ich gefunden. Dies wird's wohl sein! So nimm dein Eigentum zurück!“ So sprach er mit dem heiteren Blick eines ehrlichen Mannes und eines guten Gewissens, und das war schön. Der andere machte auch ein fröhliches Gesicht, aber nur, weil er sein verloren geschätztes Geld wieder hatte. Denn wie es um seine Ehrlichkeit aussah, das wird sich bald zeigen. Er zählte das Geld und dachte unterdessen geschwinde nach, wie er den treuen Finder um seine versprochene Belohnung bringen könnte. „Guter Freund“, sprach er hierauf, „es waren eigentlich achthundert Taler in dem Tuch eingenäht. Ich finde aber nur noch siebenhundert Taler. Ihr werdet also wohl eine Naht aufgetrennt und Eure hundert Taler Belohnung schon herausgenommen haben. Da habt Ihr wohl daran getan. Ich danke Euch.“ Das war nicht schön. Aber wir sind auch noch nicht am Ende. Ehrlich währt am längsten, und Unrecht schlägt seinen eigenen Herrn. Der ehrliche Finder, dem es weniger um die hundert Taler als um seine unbescholtene Rechtschaffenheit zu tun war, versicherte, daß er das Päcklein so gefunden habe, wie er es bringe, und es so bringe, wie er's gefunden habe. Am Ende kamen sie vor den Richter. Beide bestanden auch hier noch auf ihrer Behauptung, der eine, daß achthundert Taler seien eingenäht gewesen, der andere, daß er von dem Gefundenen nichts genommen und das Päcklein nicht versehrt habe. Da war guter Rat teuer. Aber der kluge Richter, der die Ehrlichkeit des einen und die schlechte Gesinnung des andern zum voraus zu kennen schien, griff die Sache so an: er ließ sich von beiden über das, was sie aussagten, eine feste und feierliche Versicherung geben und tat hierauf folgenden Ausspruch: „Demnach, und wenn der eine von euch achthundert Taler verloren, der andere aber nur ein Päcklein mit siebenhundert Talern gefunden hat, so kann auch das Geld des letzteren nicht das nämliche sein, auf welches der erstere ein Recht hat. Du, ehrlicher Freund, nimmst also das Geld, welches du gefunden hast, wieder zurück und behältst es in guter Verwahrung, bis der kommt, welcher nur siebenhundert Taler verloren hat. Und dir da weiß ich keinen anderen Rat, als du geduldest dich, bis derjenige sich meldet, der deine achthundert Taler findet.“ So sprach der Richter, und dabei blieb es.

Das letzte Blatt

O. Henry

In einem kleinen Bezirk westlich des Washington Square sind die Straßen verrückt geworden und haben sich in kleine Streifen aufgebrochen, die „Plätze" genannt werden. Diese Plätze bilden seltsame Winkel und Kurven. Eine Straße kreuzt sich selbst ein- oder zweimal. In dieser Straße hat ein Künstler einmal eine Möglichkeit entdeckt, die von Wert sein kann. Stellen Sie sich vor, ein Bote mit einer Rechnung für Farben, Papier und Leinwand, der diese Route abgeht, kommt sich plötzlich auf dem Rückweg selbst entgegen, ohne daß ein Cent auf Abschlag bezahlt worden ist!

In dem malerischen alten Greenwich Village sah man daher bald das Künstlervölkchen herumstreifen auf der Suche nach Nordfenstern, nach Giebeln aus dem achtzehnten Jahrhundert, nach holländischen Dachstuben und niedrigen Mieten. Dann brachten sie ein paar Zinnbecher und angeschlagene Teller aus der Sechsten Avenue hierher und bildeten eine „Kolonie".

Unter dem Dach eines behäbigen, dreistöckigen Klinkerhauses hatten Sue und Johnsy ihr Atelier. Johnsy war eine Abkürzung für Joanna. Die eine war aus Maine, die andere aus Kalifornien. Sie hatten sich an der Table d'hôte eines Kettenrestaurants in der Achten Straße kennengelernt und festgestellt, daß sie in bezug auf Kunst, Chicoree-Salat und Kimonoärmel den gleichen Geschmack hatten, und das Resultat war ein gemeinsames Atelier.

Das war im Mai. Im November stelzte ein kalter, unsichtbarer Fremdling, den die Doktoren Lungenentzündung nannten, durch die Kolonie und berührte mit seinen eisigen Fingern hier einen und dort einen. Drüben auf der Ostseite schritt dieser Wüstling kühn daher und fällte seine Opfer dutzendweise, aber durch das Labyrinth der engen und vermoosten „Plätze" schritt er nur zaghaft.

Man konnte diesen Herrn Lungenentzündung nicht als einen ritterlichen alten Herrn bezeichnen; ein zartes, kleines Ding, dessen Blut in den weichen kalifornischen Winden dünn geworden, war kaum eine angemessene Beute für den kurzatmigen alten Tölpel mit den roten Fäusten. Aber sein Schlag traf Johnsy, und sie lag fast bewegungslos auf ihrem bemalten Eisenbett und blickte durch die kleinen holländischen Scheiben auf die Brandmauer des Nebenhauses.

Eines Morgens rief der Doktor mit den buschigen grauen Augenbrauen Sue in den Flur.

„Ihre Chancen stehen, na – so ungefähr eins zu zehn", sagte er und schlug dabei das Quecksilber in seinem Fieberthermometer nach unten. „Und diese eine Chance ist der Wunsch zu leben. Die Art, wie die Leute vor der Tür des Leichenbestatters Schlange stehen, macht unser ganzes Arzneibuch zu einem Witz. Unser Fräulein hat sich in den Kopf gesetzt, daß sie nicht wieder gesund wird. Gibt es etwas, was sie bedrückt?" „Sie – sie wollte einmal die Bucht von Neapel malen", sagte Sue.

„Malen! – Unsinn! Hat sie irgendwas im Kopf, an das zu denken sich lohnt – zum Beispiel einen Mann?"

„Einen Mann?" sagte Sue mit einem klirrenden Ton in der Stimme wie von einer zu straffgespannten Saite.

„Ist ein Mann es denn wert – aber nein, Herr Doktor, so etwas ist ausgeschlossen."

„Nun, dann ist es die Schwäche", sagte der Arzt. „Ich werde alles tun, was die Wissenschaft, sofern sie durch meine Bemühungen hindurchsickert, tun kann. Aber sobald die Patientin anfängt, die Kutschen in ihrem Leichenzug zu zählen, haben die Medizinen nur noch die halbe Heilwirkung. Wenn Sie sie dazu bringen können, eine einzige Frage nach dem Schnitt der Mantelärmel in der neuen Wintermode zu stellen, dann stehen ihre Chancen schon eins zu fünf statt eins zu zehn."

Nachdem der Doktor gegangen war, ging Sue in ihr Arbeitszimmer und weinte ein japanisches Papiertaschentuch zu einem Brei. Dann schwenkte sie munter mit ihrem Zeichenbrett in Johnsys Zimmer hinein und pfiff dabei einen Schlager.

Johnsy lag unter ihren Decken, die sich kaum wölbten, das

Gesicht dem Fenster zugekehrt. Sue hörte auf zu pfeifen, denn sie glaubte, Johnsy schliefe.
Sie rückte ihr Bett zurecht und begann eine Federzeichnung: eine Illustration zu einer Zeitungsgeschichte. Junge Maler müssen sich den Weg zur Kunst bahnen, indem sie Zeitungsgeschichten illustrieren, die junge Schriftsteller schreiben, um sich den Weg in die Literatur zu bahnen.
Sue begann mit leichten Strichen, die Gestalt des Helden, eines Cowboys aus Idaho, mit eleganten Reithosen zu bekleiden, wie sie bei Pferderennen getragen werden, und ihm ein Monokel ins Auge zu klemmen. Plötzlich hörte sie ein leises Geräusch, das sich siebenmal wiederholte. Schnell trat sie an das Bett.
Johnsys Augen waren weit geöffnet. Sie blickte aus dem Fenster und zählte – zählte rückwärts.
„Zwölf", sagte sie, und ein wenig später, „elf", und dann „zehn" und „neun" und dann „acht" und „sieben" schnell hintereinander.
Sue spähte besorgt aus dem Fenster. Was gab es da zu zählen? Man sah nur einen leeren, öden Hof und in einer Entfernung von sechs Metern die blinde Backsteinmauer des Nachbarhauses. Ein uralter, verknoteter wilder Weinstock, der im unteren Teil abgestorben war, kletterte bis zur halben Höhe der Mauer hinauf. Der kalte Herbstwind hatte die Blätter abgerissen, und die fast kahlen Äste klammerten sich wie ein Skelett an die bröcklige Mauer.
„Was ist denn, Herzchen?" fragte Sue.
„Sechs", sagte Johnsy. Es war beinahe ein Flüstern.
„Sie fallen jetzt schneller. Vor drei Tagen waren es noch beinahe hundert. Ich bekam Kopfschmerzen beim Zählen. Aber jetzt ist es leicht. Da fällt wieder eins. Jetzt sind es nur noch fünf."
„Fünf – was, Herzchen? Sag es deiner Susie."
„Blätter. An den Ranken. Wenn das letzte fällt, muß ich auch weg. Das weiß ich seit drei Tagen. Hat der Doktor dir das nicht gesagt?"
„Ach, einen solchen Blödsinn habe ich noch nie gehört", widersprach Sue mit gutgespieltem Spott. „Was haben denn welke

Weinblätter mit deiner Genesung zu tun? Und du hast doch diesen Wein immer so gern gehabt, du unartiges Mädchen. Sei keine Gans! Also, der Doktor hat mir heute morgen gesagt, daß deine Chancen, gesund zu werden – also laß mich überlegen, was er genau gesagt hat –, er sagte, die Chancen ständen zehn zu eins. Also, eine bessere Chance können wir hier in New York, wo wir immerzu mit der Straßenbahn fahren oder an Neubauten vorbeigehen, gar nicht haben. Versuch jetzt ein Schlückchen Suppe zu nehmen, und laß Sue wieder an ihre Zeichnung gehen, damit sie sie diesem Verleger verkaufen und ihrem kranken Kind Portwein und für sich selbst, weil sie so gierig ist, Koteletts kaufen kann."

„Du brauchst keinen Wein mehr zu kaufen", sagte Johnsy und blickte starr aus dem Fenster. „Da fällt wieder eins. Jetzt sind nur noch vier übrig. Ich werde das letzte fallen sehen, bevor es dunkel wird, und dann will ich mich auch fallen lassen."

„Johnsy, mein Herzchen", sagte Sue und beugte sich über sie, „versprich mir, die Augen geschlossen zu halten und nicht mehr aus dem Fenster zu schauen, bis ich mit der Zeichnung fertig bin. Ich muß die Blätter morgen abgeben. Ich brauche das Licht, sonst würde ich die Jalousie herunterlassen."

„Könntest du nicht nebenan zeichnen?" fragte Johnsy ungerührt.

„Ich möchte lieber hier bei dir bleiben", sagte Sue. „Und ich will auch nicht, daß du dauernd nach diesen blöden Weinblättern schaust."

„Sag mir sofort Bescheid, wenn du fertig bist", sagte Johnsy und schloß ihre Augen. Sie lag da, so weiß und still wie eine gestürzte Statue, „denn ich will das letzte Blatt fallen sehen. Ich habe das Warten satt. Ich habe das Denken satt. Ich möchte alles loslassen und hinunterschweben, hinunter, wie diese armen müden Blätter."

„Versuch zu schlafen", sagte Sue. „Ich muß den alten Behrmann heraufrufen, damit er mir für den alten, einsamen Bergmann Modell steht. Ich bin in einer Minute zurück: Rühr dich nicht, bis ich zurück bin." Der alte Behrmann war ein Maler, der unter ihnen im Erdgeschoß wohnte. Er war über sechzig und hatte einen Bart wie der Moses des Michelangelo, der sich von seinem Satyrkopf an seiner Gnomengestalt hinunterlockte. Behrmann hatte als Maler versagt. Vierzig Jahre lang hatte er den Pinsel geschwungen, ohne auch nur den Saum vom Gewand seiner Herrin, der Kunst, zu berühren. Er war immer im Begriff, ein Meisterwerk zu schaffen, hatte aber nie damit angefangen. Seit mehreren Jahren hatte er nichts mehr gemalt außer einer gelegentlichen Schmiererei für irgendwelche Reklamezwecke. Er verdiente sich ein wenig Geld, indem er den jungen Künstlern der Kolonie, die sich kein professionelles Modell leisten konnten, Modell stand. Er trank Gin im Übermaß und redete immer noch von einem zukünftigen Meisterwerk. Im übrigen war er ein energisches altes Männchen, das sich über Weichherzigkeit schrecklich lustig machte und sich als ganz spezieller Wachhund der beiden jungen Künstlerinnen, die im Atelier über ihm wohnten, betrachtete.

Sue fand in der dämmrigen Höhle unten einen Behrmann, der durchdringend nach Wacholder roch. In der Ecke stand auf einer Staffelei eine leere Leinwand. Sie wartete dort schon seit fünfundzwanzig Jahren auf den ersten Pinselstrich des Meisterwerkes. Sue erzählte Behrmann von Johnsys Fieberphantasien und daß sie fürchtete, Johnsy, die selbst so leicht und zerbrechlich war wie ein Blatt, könnte weggeblasen werden, wenn sie aufhörte, sich an diese Welt festzuklammern.

Der alte Behrmann, dessen gerötete Augen tränten, schrie seine Verachtung und seinen Hohn über solch idiotische Vorstellungen einfach heraus.

„Was!“ schrie er. „Gibt es denn Menschen auf der Welt, die so blöd sind, daß sie sterben, weil die Blätter von einem verdammten Weinstock fallen? So was hab’ ich noch nie gehört. Nein, ich will nicht für Ihren blöden Idioten von Bergmann Modell stehen. Warum lassen Sie es zu, daß ihr ein solcher Blödsinn in den Kopf kommt? Ach, die arme Miss Johnsy.“

„Sie ist sehr krank und schwach“, sagte Sue, „und sie phantasiert im Fieber. Also gut, Mr. Behrmann, wenn Sie mir nicht Modell

stehen wollen, dann lassen Sie's bleiben. Aber ich finde, Sie sind ein gräßlicher alter – Fitzliputzli."
„So sind die Frauen!" schrie Behrmann. „Wer hat denn gesagt, daß ich Ihnen nicht sitzen will? Los jetzt – ich komme mit. Ich sage Ihnen doch seit einer halben Stunde, daß ich sitzen will. O Gott, dies ist keine Stadt, in der so ein liebes Wesen wie Miss Johnsy krank werden dürfte. Eines Tages male ich ein Meisterwerk, und dann gehen wir alle zusammen weg. Ganz bestimmt."
Als sie nach oben kamen, war Johnsy eingeschlafen. Sue zog die Blende bis auf die Fensterbank hinunter und winkte Behrmann in das Nebenzimmer. Von dort spähten sie ängstlich nach dem Weinstock. Dann blickten sie sich einen Augenblick wortlos an. Draußen fiel ein kalter, mit Schnee vermischter Regen. Behrmann setzte sich als einsamer Bergmann auf einen umgestülpten Kessel, der einen Felsen darstellte.
Als Sue am nächsten Morgen nach einem kurzen Schlaf erwachte, starrte Johnsy mit trüben, weit geöffneten Augen auf die grüne, heruntergezogene Jalousie. „Zieh sie hoch: Ich will sehen", verlangte sie mit flüsternder Stimme.
Mit zerschlagenen Gliedern stand Sue auf und tat ihr den Willen.
Und siehe da! Nach dem schweren Regen und dem heftigen Wind, der die ganze Nacht angehalten hatte, hob sich immer noch ein Weinblatt gegen die Backsteinwand ab. Es war das letzte an den Zweigen. Am Stengel war es noch dunkelgrün, aber die gezahnten Ränder waren schon vom Gelb der Auflösung und des Verfalls verfärbt. So hielt es sich tapfer an einem Zweig, drei bis vier Meter über dem Boden.
„Es ist das letzte", sagte Johnsy. „Ich hatte ganz sicher erwartet, daß es in der Nacht fallen würde. Ich hörte den Wind. Es wird heute fallen, und ich werde mit ihm sterben."
„Aber, aber", sagte Sue und legte ihr erschöpftes Gesicht auf das Kissen, „wenn du nicht an dich denken willst, so denk doch an mich. Was sollte ich denn anfangen?"
Aber Johnsy gab keine Antwort. Das allereinsamste auf dieser Welt ist eine Seele, die sich bereitmacht, ihre lange, geheimnis-

volle Reise anzutreten. Die Vorstellung, daß sie sterben werde, schien sich ihrer immer mehr zu bemächtigen. Während die Bande, die sie an die Freundin und an die Erde knüpften, sich eines nach dem andern lösten.

Der Tag verstrich, und noch im Abenddämmer konnten sie das einsame Weinblatt sehen, das sich mit seinem Stengel an die Wand klammerte. Und dann kam mit der Nacht der Nordwind wieder, während der Regen immer noch gegen die Fenster prasselte und von den niedrigen holländischen Dachtraufen herunterklatschte.

Als es wieder hell wurde, befahl Johnsy unbarmherzig, die Jalousie hochzuziehen.

Das Weinblatt war immer noch da. Johnsy lag einige Zeit da und betrachtete es. Und dann rief sie Sue, die über dem Gaskocher ihre Hühnersuppe rührte.

„Ich bin ein böses Mädchen gewesen, Susie", sagte Johnsy. „Irgend etwas hat dieses letzte Blatt am Zweig haften lassen, um mir zu zeigen, wie böse ich war. Es ist eine Sünde, sterben zu wollen. Bring mir jetzt ein bißchen Suppe und einen Schluck Milch mit einem Tropfen Portwein darin, und - nein, bring mir zuerst einen Handspiegel und schieb mir ein paar Kissen in den Rücken; ich will mich aufsetzen und dir beim Kochen zusehen."

Und eine Stunde später sagte sie:

„Susie, eines Tages werde ich doch noch die Bucht von Neapel malen."

Am Nachmittag kam der Doktor, und als er ging, fand Sue einen Vorwand, um auf den Flur zu treten.

„Die Chancen sind jetzt gleich", sagte der Doktor und nahm Sues magere, zitternde Hand in seine. „Bei guter Pflege werden Sie gewinnen. Und nun muß ich noch nach einem anderen Patienten im Haus sehen. Er heißt Behrmann, ich glaube, auch eine Art Künstler. Auch Lungenentzündung. Er ist alt und schwach, und der Anfall ist heftig. Es besteht wenig Hoffnung; aber er kommt heute ins Krankenhaus, da kann er besser versorgt werden."

Am nächsten Tag sagte der Doktor zu Sue: „Sie ist außer Gefahr. Sie haben gesiegt. Jetzt braucht sie kräftige Kost und Pflege – sonst nichts mehr."

Und an diesem Nachmittag trat Sue an Johnsys Bett. Die lag da ganz gemütlich und strickte an einem ganz blauen und ganz nutzlosen Wollschal, und Sue legte ihr einen Arm um Schultern und Kissen.

„Ich muß dir etwas erzählen, mein weißes Mäuschen", sagte sie. „Mr. Behrmann ist gestern im Krankenhaus an Lungenentzündung gestorben. Er war nur zwei Tage krank. Am ersten Tag hat ihn der Hausmeister ganz hilflos vor Schmerzen in seinem Zimmer unten gefunden. Seine Schuhe und seine Kleider waren ganz durchnäßt und eiskalt. Sie konnten sich nicht vorstellen, wo er in einer so schrecklichen Nacht gewesen war. Und dann fanden sie eine Laterne, die immer noch brannte, und eine Leiter, die von ihrem Platz weggezerrt worden war, ein paar Pinsel und eine Palette, auf der Grün und Gelb gemischt worden war – und, sieh mal aus dem Fenster, Herzchen, sieh dir das letzte Weinblatt an. Hast du dich nie gewundert, warum es nicht flatterte und sich nicht bewegte, als der Wind blies? Ach, Herzchen, es ist Behrmanns Meisterwerk – er hatte es dort in der Nacht gemalt, als das letzte Blatt gefallen war."

Von den zwei Malern

Rabbi Nachman von Bratzlaw

Ein König erbaute sich einen Palast und berief zwei Leute, die diesen Palast ausmalen sollten. Der König teilte den Palast unter ihnen so auf, daß eine Hälfte von dem Einen und die andere von dem Zweiten ausgemalt werden sollte. Auch setzte er ihnen eine Frist, bis zu der sie seinen Palast ausgestaltet haben mußten. Daraufhin nahm sich der Erste der Aufgabe an und bemühte sich darum, die Fertigkeiten des Malens und Formens mit Sorgfalt und aufs allerbeste zu erlernen. Dann versah er den ihm aufgetragenen Teil mit wunderschönen Malereien: Er malte Tiere, Vögel und andere prächtige und anmutige Bilder mehr. Der Zweite nahm sich den Auftrag des Königs nicht zu Herzen und gab sich überhaupt nicht damit ab.

Als nun die Frist, die der König ihnen für ihre Arbeit gesetzt hatte, nahe war – siehe, da hatte der Erste die Arbeit und das Kunstwerk in seinem Teil schon vollendet: ein schönes, ein wunderbares Bild.

Da begann der Zweite sich selbst zu betrachten: Wie hatte er die Zeit mit Nichtigkeiten totgeschlagen und den Auftrag des Königs nicht beachtet! Er begann, sich darüber Gedanken zu machen, was wohl zu tun sei. Denn das war sicher: In der knappen Zeit, die bis zum Ablauf der Frist verblieb, war es ihm nicht mehr möglich, die Künste des Malens und Formens zu erlernen und dazu noch seine Hälfte des Palastes auszumalen. Es blieb ihm nur wenig Zeit. Da kam er auf einen Gedanken. Er ging hin und tünchte alles mit einer kräftigen Farbe, die seiner Hälfte einen tiefschwarzen Glanz verlieh. Der war ganz wie der Glanz eines Spiegels. Danach hängte er einen Vorhang vor seinen Teil, um die beiden Hälften voneinander zu trennen.

Die Frist, die ihnen der König gesetzt hatte, war abgelaufen, und der König wollte das Werk, das sie vollbracht hatten, besichtigen. Er betrachtete den Teil des ersten Malers, vollendet ausgemalt, wie er war, mit wunderschönen Gemälden. Den Teil des Zweiten aber sah der König verhangen. Dunkel darunter, und nichts war zu sehen. Da trat der zweite Maler heran und zog den Vorhang fort. Die Sonne strahlte auf und beleuchtete in seinem Teil all die wunderbare Malerei, denn da war Glanz wie der eines Spiegels. Alle die Vögel, die Tiere und die anderen prächtigen Bilder, die im Teil des Ersten gemalt waren – sie alle erschienen auch in seiner Hälfte. Alles, was der König im Teil des Ersten sah, das sah er auch in dem des Zweiten. Und noch mehr: Alle die kostbaren Geräte und die Kunstwerke, die der König in seinen Palast brachte, die erschienen auch hier, im Teil des

zweiten Malers. Und auch das, was der König in Zukunft noch an wunderbaren Dingen in den Palast bringen mag, wird in der Hälfte des Zweiten erscheinen.
Und der König sah es mit großem Gefallen.

Das Kind rettete die Mutter

Dr. Joseph A. MacDougall

Inzwischen war es Dezember geworden und der Tag gekommen, an dem ich es ihr sagen mußte. Medizinisch gesehen, hatten wir alles versucht - und mußten uns geschlagen geben. Nun konnte nur Gott entscheiden.
Da lag sie in ihrem Bett, dem Sterben nahe, gerade 23 Jahre alt geworden und Mutter eines Kindes, das inzwischen ein Jahr alt war.
Sie nahm meine Erklärung sehr ruhig auf. Eleanor Munro war eine gläubige und tapfere Frau. Sicherlich hatte sie früher einmal recht hübsch ausgesehen, jetzt aber war sie durch die Tuberkulose gezeichnet. Sie wußte das. Still sah sie mich an und sagte dann: „Ich habe nur eine Bitte. Falls ich Weihnachten noch lebe, würden Sie mir erlauben, die Festtage zu Hause zu verbringen?"
Ich wußte nicht, was ich dazu sagen sollte. Ich wußte nur, daß es besser war, ihr diese Erlaubnis nicht zu geben. Im unteren Lappen ihrer rechten Lunge befand sich eine Kaverne, die immer größer wurde. Frau Munro litt an einer, wie wir Ärzte es nennen, offenen Tuberkulose. Sie konnte die Tuberkelbakterien schon dadurch verbreiten, indem sie einfach nur hustete.
Trotzdem versprach ich es ihr. Doch ich gebe zu, ich tat es nur deshalb, weil ich fest davon überzeugt war, sie würde vor Weihnachten sterben. Unter den gegebenen Umständen konnte man ohnehin kaum noch etwas für sie tun.
Eleanors Ehemann hatte die Krankheit als Soldat aus dem

Zweiten Weltkrieg mitgebracht. Bevor man sie entdeckte, heirateten die jungen Leute. Eleanor steckte sich an. Die Krankheit entwickelte sich so schnell, und der „Herd“ befand sich an einer so schwer zugänglichen Stelle, daß jeder Arzt verzweifelte, der ihr helfen wollte.

Eine Kaverne im unteren Lungenlappen ist selten. Bei der Untersuchung stellte sich heraus, daß es sehr schwer war, an dieses „tödliche Loch“ heranzukommen. Hätte es sich im oberen Lungenflügel befunden, hätte man sie operieren können. Dieses Verfahren nennt man „Thorakoplastik“. Dabei wird ein Teil der oberen Rippe entfernt, und man läßt den Lungenlappen in sich zusammenfallen. So stellt man diesen Teil der Lunge ruhig.

Leider ist so eine Operation beim unteren Lungenlappen nicht möglich. Dafür müßte man Teile der unteren Rippen entfernen, die der Körper aber als Halt braucht. Außerdem kann dieser Teil der Lunge, physisch gesehen, nicht in sich zusammenfallen. So versuchten es die Ärzte mit einem anderen Verfahren, das man einen künstlichen „Pneumathorax“ nennt. Dabei führt man durch Sonden künstlich Luft in den Lungenspalt ein. Durch den Überdruck, der beim Aufpumpen entsteht, kollabiert die Lunge.

Doch auch diese Versuche schlugen fehl. Eleanor hatte früher mehrere Rippenfellentzündungen gehabt. Dadurch war die Lunge fest mit dem Brustkorb verklebt; die Luft konnte sich nicht ausbreiten.

Nun überlegten die Ärzte, ob man es noch mit einer „Pneumektomie“ versuchen sollte. Bei dieser Methode wird die gesamte Lunge entfernt. Man nahm davon Abstand, weil die Patientin einfach zu schwach für eine Operation war und ihr Allgemeinzustand sichtlich schlechter wurde. Notgedrungen mußte man sie schließlich als hoffnungslosen Fall aufgeben.

Ich war damals 31 Jahre alt und arbeitete erst seit kurzem als Arzt in dem Krankenhaus, in dem sich Eleanor befand. Ich betreute auch die 40 Patienten unserer Tuberkulosestation. Bei den meisten bestand nur wenig Hoffnung. So lernte ich Eleanor 1947 kennen.

Früher hatte sie etwa 110 Pfund gewogen. Als ich sie zum erstenmal sah, betrug ihr Gewicht nur noch 75 Pfund, und sie hatte hohes Fieber, zwischen 39° und 40°. Doch ich weiß heute noch, daß sie gerne bereit war zu lächeln. Schon bei der kleinsten Freundlichkeit dankte sie mit einem Lächeln. Ich wollte sie nicht aufgeben. So rief ich einen bekannten Lungenfacharzt an und fragte ihn, ob man das damals neue Medikament „Streptomycin" verwenden könne. Er sagte, es sei noch nicht verfügbar. Und nachdem ich ihm Eleanors Fall beschrieben hatte, meinte er, dafür eigne es sich auch noch nicht.

Daraufhin erkundigte ich mich bei einem anderen Spezialisten in New York, der mit einem Verfahren experimentierte, das „Pneumoperitoneum" genannt wird. Dabei werden Nadeln in das Bauchfell eingeführt, durch die Luft gepumpt wird. Die Luft schiebt das Zwerchfell gegen die Lungen, und die Lunge wird dadurch hinaufgedrückt. Wir überlegten, wenn auf diese Weise genügend Druck auf den unteren Lungenlappen ausgeübt würde, könnte sich die Kaverne schließen und dann von allen Seiten zuwachsen.

Wir prüften alle Risiken und beschlossen, diesen Eingriff zu versuchen. Als wir die Luft unter das Zwerchfell pumpten, starb Eleanor fast dabei. Und die geringe Menge Luft, die sie dabei aufnahm, reichte nicht aus. Wir wußten, wir durften den Versuch nicht noch einmal wiederholen.

Als ich mit ihr sprach und ihr alle Einzelheiten erklärte, hörte sie mit einer ruhigen Würde und einer bemerkenswerten Fassung zu. Ich sagte schließlich, nun läge alles bei unserem Schöpfer. Sie nickte.

Erstaunlicherweise lebte sie noch am Heiligen Abend. Aber sie war sehr schwach. Hartnäckig erinnerte sie mich an mein Versprechen, und ich hielt es ein, obwohl ich große Zweifel hatte.

Ich riet ihr, auf keinen Fall ihr Kind auf den Arm zu nehmen und unbedingt eine Gesichtsmaske zu tragen, wenn sie mit einem anderen Menschen als ihrem Ehemann sprechen würde. Er war aufgrund seiner Krankheit gegen Tuberkulose immun geworden. Sie versprach es. Ich sah noch ihr lächelndes Gesicht, als sie im Krankenwagen davonfuhr.

Am Tag nach Weihnachten kam sie spät am Abend zurück. Ihr Zustand verschlechterte sich zusehends. Jeder war tief bewegt, der sah, wie sie kämpfte. Eleanor rang um ihr Leben. Ende Februar wog sie nur noch 65 Pfund. Sie konnte keine Nahrung mehr aufnehmen und mußte häufig erbrechen, selbst wenn sie gar nichts im Magen hatte.

Ich war ratlos. Schließlich zog ich einen älteren Kollegen hinzu. Nachdem er sie untersucht hatte, war auch er ratlos. Dann aber fragte er mich lächelnd, fast scherzhaft, ob ich eine Schwangerschaft für möglich hielte?!

Die Vorstellung war geradezu lächerlich. Biologisch war es nahezu unmöglich, in ihrer hochgradigen Schwäche schwanger zu werden. Trotzdem machte ich einen Schwangerschaftstest. Zu meiner Überraschung fiel er positiv aus. Ich war sprachlos. Da befand sie sich an der äußersten Grenze ihres Lebens und trug ein zweites Leben in sich.

Als ich es ihr sagte, lächelte sie und errötete ein wenig. Nach den gesetzlichen Vorschriften und nach medizinischen Gesichtspunkten hätten wir das Kind abtreiben können, da es ja das Leben der Mutter zusätzlich gefährdete. Aber wir taten es nicht. Die Patientin und ihr Ehemann waren dagegen. Auch wir Ärzte lehnten es ab, aus religiösen Gründen und weil wir sicher waren, die Patientin würde den Eingriff nicht überleben.

So ernährten wir sie intravenös und sahen hilflos zu, wie sie darum kämpfte, zwei Leben in einem Körper zu erhalten. Der Kampf dauerte Wochen. Nach wie vor waren wir überzeugt, daß Eleanor im Sterben lag. Aber sie weigerte sich einfach zu sterben, und ihr Kind behielt sie auch.

Und dann begann eine unglaubliche Entwicklung. Ende März stellte ich zu meiner Überraschung fest, daß ihre Temperatur sank. Zum erstenmal schien sich ihr Allgemeinzustand zu bessern. Sie begann wieder zu essen und nahm zu.

Als man ihre Lungen röntgte, zeigte sich, daß die Kaverne nicht größer geworden war. Und bald konnten wir auf weiteren Röntgenaufnahmen erkennen, daß ihr Zwerchfell gegen den unteren Lappen ihrer kranken Lunge drückte, um Platz für das Kind zu schaffen. Die Natur tat genau das, was uns mit dem Versuch des „Pneumoperitoneums" nicht gelungen war: Sie drückte das tödliche Loch in der Lunge zusammen. Das Kind rettete seine Mutter!

Und es rettete sie tatsächlich. Als es geboren wurde - ein ganz normales und gesundes Kind -, hatte sich die Kaverne geschlossen. Der Mutter ging es bald so gut, daß wir sie schon nach ein paar Monaten entlassen konnten. Ihr Lächeln war noch schöner geworden.

Mehrere Jahre lang schickte sie mir Weihnachtskarten. Es waren ganz übliche Karten mit gedruckten Grüßen. Doch für mich waren sie das Denkmal eines Weihnachtswunders.

Wer seines Lebens Widersinne
versöhnt und dankbar in ein Sinnbild faßt,
der drängt die Lärmenden aus dem Palast,
wird anders festlich,
und du bist der Gast,
den er an sanften Abenden empfängt.

Rainer Maria Rilke

****

Sie spielt zu einer Hochzeit auf

Manfred Hausmann

Auf dem Cembalo, vor dem Isabel sitzt, steht ein großer Hainbuchenzweig in einem Krug. Die Blüten, die gestern noch wie Haselkätzchen aussahen, haben sich über Nacht gelockert und geöffnet und gleichen nun, wie sie schwebend in sich schwingen, winzigen Laternen. Sie bestehen aus grünsilbrigen, gewölbten Blättchen, die sich, eins dicht unter dem andern, an drei Seiten der hängenden Stengel herunterziehen und kleiner und kleiner werden, bis sie sich unten zu einer gerundeten Spitze zusammenschließen. Am Rande ist jedes rötlich verfärbt. Und rötlich sind auch, zuweilen zu Lila verblaßt, die Staubgefäße, die zwischen ihnen hervorleuchten.

Mit behutsamen Fingern spielt Isabel alte Tänze und Lieder, einen „Cottillion", einen „Englischen Jäger-Tanz", eine „Bauern-Gigue" und das selige Lied aus der Shakespearezeit von den „Green Sleeves". Das morgendliche Sonnenlicht flutet durch den Hainbuchenzweig. Und immer, wenn in der Begleitung die tieferen Töne erklingen, die das zarte Instrument ein wenig erbeben lassen, stäuben aus den Blütenlaternen Wölkchen goldenen Staubes im Rhythmus der Melodie hernieder. Es ist ein berückendes Bild: die spielende Isabel, die geneigten Hauptes das Cembalo erklirren und aufrauschen läßt, der sonnendurchflirrte Zweig und die lichten Goldwölkchen da und dort, die einen Augenblick für sich sind und sich dann im Sinken zu einem Hauch verflüchten.

Andreas, der auf den Zehenspitzen ins Zimmer geschlichen ist, bleibt denn auch an der Tür stehen und rührt sich nicht. Erst wie Isabel sich umwendet, als fühle sie seine Nähe, geht er zu ihr hin und sagt, der Zweig habe sich gewiß nicht träumen lassen, daß er seine Hochzeit einmal unter den Klängen einer so glitzernden Musik feiern werde.

„Wieso feiert er denn seine Hochzeit?“
„Der Staub, der sich während deines Spiels von den männlichen Blüten löst, befruchtet doch die weiblichen.“
„Und wo sind die weiblichen?“
„Hier zum Beispiel.“ Andreas zeigt auf eine Zweigspitze, an der zwischen den Knospen eine unscheinbare Traube aus blassen Blüten hängt. „Siehst du die roten Fäden unter den aufgebogenen Blättchen? Das sind die Narben, die sich nach der Bestäubung sehnen. Und wenn du spielst und der Goldstaub auf die Narben weht, hat der Zweig seine Hochzeit. Oder wie soll man es nennen?“
„Oh, daran habe ich nicht gedacht. Du, das ist aber doch etwas Wunderbares und Geheimnisvolles und ... und ganz Wunderbares.“
„Das ist es.“
„Und ich habe einfach so drauflosgeklimpert.“
„Du hast eine heitere und anmutige Hochzeitsmusik gemacht.“
„Aber, Andreas, der Zweig ist ja abgeschnitten! Es ist ja alles umsonst, der Goldstaub und die Sehnsucht und alles. In ein paar Tagen verwelkt der Zweig ja. Nein, du darfst jetzt nicht lächeln! Ich finde es ganz schrecklich traurig. Erst sieht es so schön aus und ist so geheimnisvoll, und dann hat es überhaupt keinen Sinn. Und wir sind schuld daran, weil wir den Zweig abgeschnitten haben. Wir wollten ein bißchen Schönheit in unser Zimmer bringen, und nun haben wir etwas Bedrückendes hereingetragen. Wenn man es bedenkt, kann einem ganz bange werden. Ach, Andreas, warum geht es denn so zu auf der Welt?“
Andreas setzt sich neben sie auf die Cembalobank. „Weil diese Welt nicht mehr heil ist, weil sie verloren ist mitsamt den Menschen, wenn sie sich selbst überlassen bleibt. Sieh mal, genau genommen können wir Menschen nichts tun, nicht das Geringste, das nicht auf irgendeine Weise mit dem Tode in Beziehung stünde. Ob wir nun versuchen, ein bißchen Schönheit in unser Zimmer zu tragen, oder ob wir ein Haus bauen oder ob wir uns lieben, wie Mann und Frau sich lieben: immer lebt das eine vom Tode des andern. Diese ganze Welt lebt von der Vergänglichkeit.“

Isabel lehnt sich leise an ihn und sagt, sie glaube zu wissen, wie er es meine.
Nach einiger Zeit tupft sie mit ihrem Zeigefinger auf die Tasten. Ein Ton folgt auf den andern, sie bilden eine getragene Melodie. Und dann fällt Isabel mit verschleierter Stimme ein: „Wenn mir am allerbängsten wird um das Herze sein, so reiß mich aus den Ängsten kraft deiner Angst und Pein . . .“
Der Goldduft sinkt auf die weiblichen Blüten. Die Sonne scheint.

So war es mit dem Zirkus

Siegfried Lenz

Wie der Zirkus mit vollem Namen hieß, daran kann ich mich nicht mehr genau erinnern, aber er muß so ähnlich geheißen haben wie „Anita Schiebukats Wanderbühne“. War natürlich ein Ereignis ersten Ranges, dieser Zirkus, was man schon daraus entnehmen kann, daß es schulfrei gab für die Suleyker Jugend, daß die Arbeit auf den Feldern ruhte und in keinem Häuschen von etwas anderem gesprochen wurde als von ihm, dem Zirkus. Dabei war er gar nicht mal so groß; zumindest fand er Platz auf der Feuerwehrwiese, baute sich da ein Zeltchen und stellte seine Wagen hübsch in der Nähe auf.
Alles ging schnell und lautlos, und ehe sich die Suleyker Gesellschaft versah, war sie schon von Anita Schiebukats Wanderbühne gebeten, die erste Vorstellung zu besuchen. Eine Kapelle spielte werbende Weisen, ein alter Elefant wurde herumgeführt, vielsagende Geräusche lagen in der Luft – das Zeltchen füllte sich alsbald. Man brachte sich Eingemachtes mit, Salzgurken, Pellkartoffeln, geräucherte Fische, man begrüßte einander, promenierte ein Weilchen auf der Wiese und betrat dann, in plaudernden Gruppen, den Ort der Veranstaltung.
So. Und dann begrüßte Anita Schiebukat, ein kräftiges, wohlge-

nährtes Weibchen, die Gesellschaft höchstpersönlich, fand annehmbare Schmeicheleien, diese Person, ließ sich beklatschen und verschwand. Aber bevor sie verschwand, rief sie noch: „Es ist“, rief sie, „eröffnet“, und in selbigem Augenblick ging es los.
Da erschien also zunächst ein finsterer, halbnackter Mensch in der Arena, blieb stehen, glubschte düster nach allen Seiten, reckte sich und öffnete ein Kästchen. Was in dem Kästchen drin war? Was wird schon drin gewesen sein – Messer; lang, scharf und, wie man zugeben wird, gefährlich.
Aber was tat dieser halbnackte, drohende Sonderling: er nahm sich die Messer, eins, zwei, drei, fünf Messer, rief mit einer schrillen Stimme die Anita Schiebukat, und wahrhaftig, das wohlgenährte Weibchen stellte sich mit dem Rücken gegen eine Bretterwand. Aber nun passierte es: dieser Mensch schmiß seine Messer nach Anita Schiebukat, alle fünf sausten ins Holz, aber getroffen, gottlob, hat keines.
Die Suleyker Gesellschaft stöhnte vor Entsetzen, verbarg das Gesicht hinter den Händen, wimmerte, und gelegentlich waren auch kleine Angstrufe zu hören.
Damit nicht genug. Dieser halbnackte, schwitzende Mensch zog die Messer aus dem Holz heraus, trat ein paar Schrittchen zurück und begann, die scharfen Dinger wieder nach dem Weibchen zu schleudern, so unzart wie möglich.
Na, da erwachte endlich bei einigen Suleyker Herren der Sinn für das, was erlaubt ist. Und am vollkommensten erwachte er bei dem riesigen Flußfischer Valentin Zoppek. Der stand einfach auf von seinem Bänkchen, trat in die Arena, ging seelenruhig zu dem Menschen mit den Messern hin und sagte: „Dies Frauchen“, sagte er, „hat so freundliche Worte gefunden zur Begrüßung. Warum schmeißt du sie, hol’s der Teufel, mit Messern? Noch ein Messer, sag’ ich, und du bekommst es mit mir zu tun. Bei uns wird nicht mit Messern auf Menschen geworfen. Hab’ ich richtig gesprochen?“
„Richtig“, murmelte die Suleyker Gesellschaft.
Anita Schiebukat kam schweratmig herbei, erkundigte sich rasch, erfaßte die Lage zur Genüge und gebot dem halbnackten

Menschen, nach hinten zu gehen, – was er auch, begleitet vom Murren der Gesellschaft, tat. Er hätte nicht so mir nichts dir nichts verschwinden können, wenn Anita Schiebukat nicht bereits wieder ein sorgloses Lächeln verströmt hätte, womit sie jedermann beruhigte.

Mit demselben Lächeln kündigte sie sodann ein verschmitztes buckliges Herrchen an, das, in Frack und Zylinder, in die Arena hüpfte, Kußhände in die Gesellschaft warf und auf Beifall wartete, bevor es überhaupt etwas gezeigt hatte. Plötzlich aber, ehe ihm jemand folgen konnte, griff dieser Bucklige schnell in die Suleyker Luft, und was er in der Hand hielt: es war ein mild duftender Fliederstrauß. Übermäßige Laute des Staunens erklangen im Zeltchen, man warf ihm in spontaner Begeisterung Salzgurken zu, die er geschickt auffing, auch Heringe flogen ihm zu, ganz zu schweigen von Herzen. Er sammelte alles ruhig ein.

Dann stellte er einen Tisch hin, auf den Tisch ein Kistchen, und zum Schluß verfügte er sich selbst in dies Kistchen hinein und schloß es von innen. Was bleibt mir zu sagen: dies Kistchen fiel auf einmal auseinander, und was fehlte, es war das verschmitzte, bucklige Herrchen. Schon wollten der Briefträger Zappka und der jüngere Urmoneit, von Sorge erfüllt, in die Arena steigen, als das zaubernde Herrchen, weiß der Kuckuck, trompeteblasend auf dem Balkon der Kapelle auftauchte, sich an einem Strick herunterließ und prasselnden Beifall entgegennahm. Ermutigt durch den ausschweifenden Beifall, trat der Zauberer überraschend an den Rand der Arena, langte meinem Onkelchen, dem Stanislaw Griegull, unter die Weste, und zum Vorschein kam – ja, wer weiß wohl, was zum Vorschein kam? Ein Hase natürlich, zappelnd und ganz lebendig. Die Suleyker, sie waren mit Sprachlosigkeit geschlagen, als solches geschah, und mein Onkelchen, Ehrenwort, erhob sich und begann, der Reihe nach seine Kleidungsstücke abzulegen. Hoffte natürlich, noch mehr Hasen zu finden, dachte sogar an ein fettes Erpelchen oder an einen Hahn, der aus der Unterhose flattern möchte. Aber nichts dergleichen geschah. So zog sich mein Onkel unter prallem Schweigen wieder an, und der Beifall wäre auch prompt gekom-

men, wenn Stanislaw Griegull nicht plötzlich das Wort ergriffen hätte. Er wandte sich direkt an das zaubernde Herrchen und sprach folgendermaßen: „Ich sehe", sprach er, „daß der Hase nach hinten gereicht wird. Dieser Hase aber ist mein Eigentum. Denn wie man gesehen hat, wohnte er an meinem Leib. Also möchte ich bitten um die sofortige Auslieferung des nämlichen Hasen."
Jetzt, wirklich und wahrhaftig, wurde die Stille – na, sagen wir mal: beklemmend. Die Gesellschaft schwankte einen Augenblick, das zaubernde Herrchen äugte bestürzt auf den Redner. Aber es fing sich gleich, ging auf mein Onkelchen zu und sagte: „Wo", sagte er, „gibt es Hasen, die zu leben pflegen unter der Weste eines Herrn? Es war doch, wie man gesehen hat, alles nur Zauberei, sozusagen Simsalabim."
„Das ist", sagte mein Onkelchen, „einerlei. Das Häschen hat gewohnt unter meiner Weste, es hat gezappelt, es war lebendig. Und so möchte ich beantragen die Auslieferung des Hasen. Er ist mein Eigentum." Blickte sich, mein Onkelchen, schnell um zu dem Gendarmen, und als das Gesetz namens Schneppat nickte, forderte er mit unnachgiebiger Stimme: „Aber schnell, wenn ich bitten darf." So erhielt Stanislaw Griegull den Hasen, setzte ihn auf seinen Schoß, und die Vorstellung ging ohne Streit weiter.
Wie es weiterging? Nun, es wurde hereingetragen eine Waschwanne, in welcher, die Griesgrämigkeit in Person, ein alter, fetter Seehund lag, welcher auf den Namen Rachull hörte, der Unersättliche. An der Waschwanne hing ein großes Plakat, auf dem stand: „Es wird gebeten, dem Seehund nicht zu zergen" – was soviel heißt wie ärgern oder übel mitspielen. Dergleichen kam jedoch auch keinem der Gesellschaft in den Sinn; man beklatschte den Seehund lediglich, wogegen dieser nichts zu haben schien – wenigstens ließ er sich, ohne daß er die Wanne verlassen hätte, anstandslos wieder hinaustragen.
Nachdem er weg war, trat wieder das wohlgenährte Weibchen Anita Schiebukat in die Arena, streifte meinen Onkel mit einem sonderbaren Blick und verkündete „Jetzt wird auftreten ein Mann namens Bosniak. Er ißt Eisenstangen zum Frühstück und trinkt zwölf Liter Milch am Abend. Seine Kraft ist grenzenlos.

Wer mit ihm ringen möchte zwei Minuten und dabei stehen bleibt, bekommt den Eintritt zurück und drei Mark zwanzig außerdem! "

Sie trat zur Seite, und hereingewogt kam dieser Bosniak; ging so, daß die Bänke zitterten, zeigte seine Zähne, hieb sich auf seinen kleinen Kopf und tat alles, um einen Eindruck zu hinterlassen von seltener Fürchterlichkeit. Niemand wagte, gegen ihn aufzustehen. Niemand?

Doch, da hinten meldete sich ja einer, war nur so dünn, daß man ihn einfach übersah. Wer es war, der sich da meldete und ein unbegreifliches Beispiel von Tollkühnheit lieferte? Mein Oheim, der Schuster Karl Kuckuck. Wie gelähmt saßen die Suleyker da, als er an ihnen vorbeiging; sie verfolgten ihn mit wehmütigen, abschiednehmenden Blicken, aber keiner fand sich, der ihn in seinem Entschluß beeinflußt hätte.

Also er trippelte in die Arena, schaute den Bosniak sanft und mitleidig an und sagte: „Ich erwarte", sagte er, „den Angriff."

Sofort stürmte dieser ungeheure Mensch mit dem kleinen Kopf auf ihn zu, breitete die Arme aus, schnaubte, schlug die Arme wieder zusammen, aber Karl Kuckuck war längst weggetaucht und befand sich im Rücken des Eisenfressers. Dieser, im Glauben, den Schuster vor seiner Brust zu haben, drückte dergestalt, daß ihm die Tränen in die Augen traten – was er drückte, es war niemand anderes als er selbst. Na, das wiederholte sich so einige Male – wie soll man auch ein Stückchen Schustergarn, wie meinen Oheim, genau zu fassen kriegen? –, und am Ende war dieser Bosniak dergestalt erschöpft, daß er sich schnaufend auf die Erde setzte und mit einem Eimer Wasser zur Besinnung gebracht werden mußte. Karl Kuckuck hingegen schlängelte sich zur Kasse, ließ sich das Geld auszahlen und schlängelte sich mit seinen Verwandten nach Hause.

So ungefähr ging es, wenn ich mich richtig erinnert habe, Anita Schiebukats Wanderbühne in Suleyken. Wie übrigens später zu erfahren war, ist danach lange Zeit kein Zirkus mehr in unser Dorf gekommen – wie man wissen wollte, aus Furcht vor dem allzu aufgeklärten Publikum.

Die versteinerte Prinzessin

Max Bolliger

Wie so viele sehnte sich die Prinzessin nach einem Gefährten und träumte von einem Märchenprinzen. Weil die Prinzessin schön und klug war und dazu in einem Schloß wohnte, fehlte es nicht an Freiern. Sie empfing sie, mit der Krone auf dem Kopf, in einem Saal auf einem goldenen Thron. Sie stellte jedem, der sich um ihre Gunst bemühte, nur eine Frage: *Wer bin ich?* Aber keiner vermochte ihr eine richtige Antwort zu geben. Aus Angst, sich selbst zu verraten, blieb sie unbeweglich auf ihrem Thron sitzen. Sie setzte ein Lächeln auf ihre Lippen und schwieg.

Die jungen Männer wurden es bald müde, sie zu bewundern, und dachten am Ende, die Prinzessin sei nichts anderes als eine lebende Puppe. Je mehr Freier wieder davongingen, um so öfter träumte sie von einem Märchenprinzen. Und je länger sie auf ihn wartete, um so weniger rührte sie sich. Ohne daß sie es merkte, wurden ihre Füße zu Stein, dann auch die Beine, dann der Körper, dann die Arme und Hände und zuletzt auch das Lächeln auf ihren Lippen. Außer dem Vater und der Mutter trauerte niemand um sie. Der König und die Königin stellten ihre versteinerte Tochter an den Rand eines alten Brunnens und weinten. Aber als sie sahen, daß sich Vögel auf ihre Schultern setzten, Eichhörnchen an ihr emporkletterten und Kinder zu ihren Füßen spielten, trösteten sie sich.

Nach einer Zeit kam aus einem fernen Land ein Steinmetz daher. Er sehnte sich nach einer Frau. Doch seine Suche war bisher vergeblich geblieben. Müde und durstig stieg er von seinem Pferd und setzte sich an den Brunnen. Da sah er die versteinerte Prinzessin und erschrak. Er konnte den Blick nicht mehr von ihr wenden. Er fuhr mit den Händen über ihren Körper, über ihr Haar, über ihre Lippen und fragte sie sogar nach ihrem Namen. Aber weder seine Worte noch seine Zärtlichkeit konnten sie lebendig machen.

Da ging er aufs Schloß zum König und zur Königin und bat sie, ihm die Brunnenfigur zu verkaufen. Der König und die Königin schüttelten den Kopf und wollten ihm die versteinerte Prinzessin auch um alles Geld nicht geben, das der Steinmetz für sie bot.

Da ließ sich der Steinmetz am Brunnen nieder. Weder Hitze noch Frost, weder Schnee noch Regen vermochten ihn zu vertreiben. Je länger er die versteinerte Prinzessin betrachtete, um so mehr begehrte er sie. Weil er sich nicht mehr richtig ernährte und auch keinen Schlaf mehr fand, wurde er krank. Der König und die Königin, die ihn von einem Fenster aus beobachteten, fürchteten endlich um sein Leben. Sie empfanden Mitleid und beschlossen, ihm die versteinerte Prinzessin zu schenken, ohne aber ihr Geheimnis zu verraten.

Der Steinmetz lud die Brunnenfigur auf einen Wagen, spannte sein Pferd davor und kehrte nach Hause zurück. Er beschloß, die versteinerte Prinzessin in seiner Werkstatt aufzustellen und die Suche nach einer Frau aufzugeben. Aber die versteinerte Prinzessin war so schwer, daß der Wagen unterwegs zusammenbrach. Die Prinzessin rollte auf die Erde und zerbrach in zwei Stücke. Der Steinmetz war traurig über das Unglück. Doch nach einer Weile flickte er den Wagen, hob die beiden Stücke der versteinerten Prinzessin auf, fügte sie sorgfältig zusammen und fuhr weiter.

Auf einmal spürte er, daß das Gewicht auf seinem Wagen immer leichter wurde. Er drehte sich um und erlebte, wie die versteinerte Prinzessin langsam zum Leben erwachte, zuerst die Füße, dann die Beine, dann der Körper, dann die Arme und Hände und zuletzt auch das Lächeln auf ihren Lippen. Als sie die Augen aufschlug und seinem Blick begegnete, fragte sie zum erstenmal und voller Staunen: *Wer bist du?* – Und weil diese Frage, die sie sich gegenseitig stellten, schwer zu beantworten war und viel Zeit brauchte, heirateten sie und wurden glücklich.

Vor dem Schloß aber, am Rande des alten Brunnens, steht heute noch eine steinerne Prinzessin, an der die Eichhörnchen emporklettern und zu deren Füßen Kinder spielen. Der Steinmetz hat sie nach seiner lebendigen Frau aus einem Stein herausgemeißelt.

Der schlaue Husar

Johann Peter Hebel

Ein Husar im letzten Kriege wußte wohl, daß der Bauer, dem er jetzt auf der Straße entgegenging, hundert Gulden für geliefertes Heu eingenommen hatte und heimtragen wollte. Deswegen bat er ihn um ein kleines Geschenk zu Tabak und Branntwein. Wer weiß, ob er mit ein paar Batzen nicht zufrieden gewesen wäre! Aber der Landmann versicherte und beteuerte bei Himmel und Hölle, daß er den eigenen letzten Kreuzer im nächsten Dorfe ausgegeben und nichts mehr übrig habe. „Wenn's nur nicht so weit von meinem Quartier wäre", sagte hierauf der Husar, „so wäre uns beiden zu helfen, aber wenn du hast nichts, ich hab nichts, so müssen wir den Gang zum heiligen Alfonsus doch machen. Was er uns heute beschert, wollen wir brüderlich teilen." Dieser Alfonsus stand in Stein ausgehauen in einer alten, wenig besuchten Kapelle am Feldweg.

Der Landmann hatte anfangs keine große Lust zu dieser Wallfahrt. Aber der Husar nahm keine Vorstellung an und versicherte unterwegs seinem Begleiter so nachdrücklich, der heilige Alfonsus habe ihn noch in keiner Not steckenlassen, daß dieser selbst anfing, Hoffnung zu gewinnen. Vermutlich war in der abgelegenen Kapelle ein Kamerad und Helfershelfer des Husaren verborgen? Nichts weniger! Es war wirklich das steinerne Bild des Alfonsus, vor welchem sie jetzt niederknieten, während der Husar gar andächtig zu beten schien.

„Jetzt", sagte er seinem Begleiter ins Ohr, „jetzt hat mir der Heilige gewunken." Er stand auf, ging zu ihm hin, hielt die Ohren an die steinernen Lippen und kam gar freudig wieder zu seinem Begleiter zurück. „Einen Gulden hat er mir geschenkt: in meiner Tasche müsse er schon stecken." Er zog auch wirklich zum Erstaunen des andern einen Gulden heraus, den er aber schon vorher bei sich hatte, und teilte ihn versprochenermaßen brüderlich zur Hälfte. Das leuchtete dem Landmann ein, und es war ihm gar recht, daß der Husar die Probe noch einmal machte.

Alles ging das zweite Mal wie das erste. Nur kam der Kriegsmann diesmal viel freudiger von dem Heiligen zurück. „Hundert Gulden hat uns jetzt der gute Alfonsus auf einmal geschenkt. In deiner Tasche müssen sie stecken." Der arme Bauer wurde todesblaß, als er dies hörte, und wiederholte seine Versicherung, daß er gewiß keinen Kreuzer habe. Allein der Husar redete ihm zu, er sollte doch nur Vertrauen zu dem heiligen Alfonsus haben und nachsehen. Alfonsus habe ihn noch nie angeführt. Wollte er wohl oder übel, so mußte er seine Taschen umkehren und leer machen. Die hundert Gulden kamen richtig zum Vorschein, und hatte er vorher dem schlauen Husaren die Hälfte von seinem Gulden abgenommen, so mußte er jetzt auch seine hundert Gulden mit ihm teilen, da half kein Bitten und kein Flehen. Das war fein und listig, aber eben doch nicht recht, zumal in einer Kapelle.

Ich werd mal so wie Onkel Sepp

Gudrun Pausewang

In der Schule bin ich schlecht, das muß ich zugeben. Mich interessiert eben nicht, wovon die Lehrer sprechen. Schnittmenge und Substantiv und H_2O und netto und brutto und Prozente und Achtelnoten und das ganze Zeug, unter dem man sich nichts vorstellen kann.
Ich stelle mir gern was vor. Ich langweile mich nie, auch nicht in der Schule, weil ich mir immer was vorstelle. Aber in der Schule werde ich oft dabei gestört. Die Lehrer sind so aufdringlich. Sie können sich nicht daran gewöhnen, daß ich das, womit sie uns bedrängen, nicht für so wichtig halte wie sie. Immer wieder reden sie auf mich ein: daß ich das alles unbedingt brauche für mein späteres Leben, für den Beruf und so. Ohne gute Leistungen kein gutes Zeugnis, ohne gutes Zeugnis keine Lehrstelle, ohne Lehrstelle keinen Arbeitsplatz, ohne Arbeitsplatz kein Geld, kein Ansehen, keinen Lebenssinn.

Na, das Übliche. Aber die Lehrer sind nur in diesem Lernkram so aufdringlich. Vielleicht würde ich mir noch Mühe geben, sie zu verstehen, wenn sie mir mal übers Haar streichen oder mir die Hand auf die Schulter legen würden. Oder wenn sie Michi statt Michael zu mir sagen würden. Wenn sie so zu mir wären, wie Onkel Sepp zu seinen Bäumen ist.
Ich brauche das alles nicht, was ich in der Schule lernen soll. Ich habe auch keine guten Noten nötig. Ich weiß doch schon längst ganz genau, was ich machen werde, wenn ich groß bin. Das ist es ja, was ich mir in der Schule immer vorstelle, und ich stelle mir's gern vor, weil's so schön ist: Ich werde mein Leben lang Bäume pflanzen.
Ich habe doch den Onkel Sepp in Bellenbach, der ist mein Großonkel. Bei dem bin ich immer in den Schulferien. Der freut sich auf mich, und ich freue mich auf ihn. Wenn mich da einer hindern wollte, in den Ferien hinzufahren, dem würde ich an die Kehle springen! Aber meine Eltern haben gar nichts dagegen, daß ich zu ihm fahre. Da haben sie ihre Ruhe. Ich strapaziere sie nämlich zu sehr, und ich enttäusche sie immer wieder. Das kriege ich bei jeder Gelegenheit zu hören.
Der Onkel Sepp, der hält viel von mir und mag mich. Darin ist er so ziemlich der einzige. Und ich bin wohl auch der einzige, der viel von ihm hält und ihn mag. In Bellenbach sagen sie, er hätte eine Meise und er sei nicht ganz bei Trost und er leiste nichts und hätte seinen Hof verlottern lassen. Faul und verrückt. Jedenfalls nicht so wie die anderen Leute.
Ich kenne ihn besser als die Bellenbacher. Er ist weder ein Faulpelz noch ein Idiot. Er will sich nur nicht so abrackern und stressen lassen. Er sagt, dazu sei das Leben viel zu schade. Und er sagt, es gebe viel wichtigere Dinge als den Arbeitslohn und was man sich damit kaufen kann. Und Wichtigeres als das Ansehen. Da ließe er sich nicht hineinreden, egal, was sie von ihm dächten.
Er hat ein Bein ab. Das ist im letzten Krieg passiert. Jetzt hat er ein Holzbein und kriegt eine Rente. Und er hat ein kleines Haus mit einem Stall und einer Scheune im Tal zwischen Bellenbach

und Kasparshausen, ganz einsam. Nicht einmal eine Straße geht dort durch, nur ein breiter Feldweg.
Onkel Sepp hat vor vielen Jahren eine Frau und ein Kind gehabt. Einmal wollte ihn die Frau mit dem Kind besuchen, als er wegen dem Bein im Lazarett lag. Auf der Fahrt dorthin ist ihr Zug von einer Bombe zerfetzt worden, gerade als er in einem Bahnhof hielt. Seitdem hat der Onkel Sepp nicht mehr geheiratet.
Es ist ziemlich unordentlich bei ihm, das muß man zugeben. Sein Bett macht er so gut wie nie, und er trinkt immer aus derselben Tasse. Die schwenkt er jedesmal nur unter dem Wasserhahn aus, fertig. Seine Kleider riechen auch nicht gerade nach Lenor. Doch, doch, manchmal macht er große Wäsche, an sonnigen, windigen Tagen. Dann wäscht er gleich einen ganzen Haufen Wäsche auf einmal, auch alles, was er anhat, außer der Unterhose. Sogar auch die, im Hochsommer. Dann läuft er ganz nackt herum, bis die Wäsche wieder trocken ist. Das macht ihm gar nichts aus.
In seinem Haus sei noch alles so wie vor vierzig Jahren, sagt er. Richtig gemütlich, mit einem Fußboden aus Holzbrettern und einem Kochherd mit einem langen Rohr quer durch die Küche. Auf dem Dachboden hat er eine Wanne stehen, weil's bei Regen durchtropft. Er traut sich nicht mehr aufs Dach. Ihm wird schwindlig. Weil er doch schon über siebzig ist. „Das kannst du dir später selber reparieren", sagt er.
Ja, das habe ich fest vor. Und neu verputzen will ich das Haus auch. Denn der Mörtel bröckelt schon.
Im Stall standen früher mal fünf Kühe. Jetzt hat er nur noch zwei Ziegen. Aber was für Ziegen! Malchen und Kathrinchen. Sie sind gut genährt und haben ein glattes Fell, und sie genießen es, wenn er sie unterm Kinn kitzelt. „Meine Frauen" nennt er sie. Außer den Ziegen hat er nur noch Bienen. Drei Bienenstöcke hinterm Haus. Den ganzen Frühling und Sommer über schwärmen Onkel Sepps Bienen zwischen den Schmetterlingen und Libellen um die Hecken und über die Auwiesen. Er sagt, schon seit vielen Jahren sei er von keiner Biene gestochen worden. „Wie ich zu ihnen bin, so sind sie zu mir", meint er.

Das ganze Tal von Bellenbach bis fast nach Kasparshausen gehört ihm. Über zwei Kilometer Auwiesen rechts und links vom Bach bis an die Feldränder. Die Felder, die noch dazugehörten, hat er schon vor langer Zeit verkauft oder verpachtet. Aber die Auwiesen hat er nicht hergegeben. Die hätte auch niemand haben wollen. Denn für die Leute aus Bellenbach oder Kasparshausen taugen sie nichts. Sie sind feucht und stehen in jedem Frühjahr ein paar Tage unter Wasser. Schilf und Binsen wuchern darauf, und auch Wollgras gibt's da. An den Bachufern wachsen Erlen und Weiden. Auf beiden Talseiten geht ein leichter Hang hinauf. Am Wiesenrand, dort, wo die Felder anfangen, ziehen sich dichte Hecken entlang. Da kommt niemand so leicht durch, denn da wächst Stachliges: Himbeeren, Brombeeren, Weißdorn, Heckenrosen. Und viele Birken und Fichten und Eichen und Eschen stehen dazwischen. Ja, und die Haselsträucher nicht zu vergessen.

Die Hecken sind voller Vogelnester und Igel und Wildkaninchen, und in den Auwiesen wimmelt es nur so von Fröschen und Kröten und Wildenten. Manchmal stehen Störche oder Reiher im Schilf. Und Ringelnattern gibt es da auch.

Onkel Sepp schießt weder Wildkaninchen noch Wildenten. Er hat kein Gewehr. Er sagt, er habe im Krieg für sein Lebtag genug schießen müssen. Und er erlaubt auch niemand anderem, auf seinen Auwiesen zu jagen oder Tiere zu fangen. Nur solche Leute läßt er drauf, die Tiere beobachten wollen. Vor ein paar Jahren hat er seine Ziegenlämmer noch geschlachtet, aber das macht er jetzt auch nicht mehr. „Ich bring's nicht mehr übers Herz", sagt er.

„Wie könnte ich danach das Kathrinchen unterm Kinn kraulen?"

Er verschenkt sie: an ziegenliebe Familien oder an das Kinderheim in Breckendorf, das auch eine kleine Landwirtschaft hat. „Wenn sie alt sind – gut, dann müssen sie sterben", sagt er. „Aber sie sollen wenigstens ein Ziegenleben lang gelebt haben."

Er hat nicht nur Bäume in seinen Hecken und Wiesen. Hinter dem Haus hat er auch einen Obstgarten: drei Pflaumenbäume, drei Kirschbäume, vier Birnbäume und fünf Apfelbäume. Im

Herbst helfe ich ihm immer ernten. Das ist das reinste Fest. Ich kletter in den Ästen herum und pflücke, und er nimmt mir vorsichtig ab, was ich ihm reiche.
Sie tragen nicht immer gleich viel, Onkel Sepps Obstbäume. Aber die Ernte ist jedesmal so groß, daß Onkel Sepp noch eine Menge Obst verkaufen kann. Viele Leute kaufen Obst bei ihm. Es ist wirklich wunderschönes Obst. Ich weiß auch, warum er das schönste Obst in der ganzen Umgebung hat: Er geht nämlich den ganzen Sommer lang immer wieder von Baum zu Baum, tätschelt jeden Stamm und sagt: „Brav, brav, mein Lieber", und wenn dem alten Boskop fast die Äste brechen, so überladen, wie er meistens ist, stützt ihn der Onkel Sepp ab und murmelt dabei: „Ja, ja, bist ein Guter. Übernimm dich nur nicht, alter Freund."
Seine Lieblinge aber sind die jungen Obstbäume, die er selber aus Schößlingen gezogen und gepfropft hat. Ganze Reihen hat er davon. Er macht nie Reklame. Aber nicht nur von Bellenbach und Kasparshausen kommen Leute, die junge Obstbäume haben wollen. Sie kommen zu ihm, weil sie hoffen, später mal genausogutes Obst ernten zu können, vor allem aber, weil er kein Geld für die Bäume verlangt. Er stellt nur eine Bedingung: Er selber will sie pflanzen. Und so holen sie ihn samt den jungen Bäumen ab und fahren ihn zu ihren Gärten. Aber es ist schon oft vorgekommen, daß er ein Bäumchen wieder heimbrachte, ohne es zu pflanzen. Denn er pflanzt seine Bäume nur dorthin, wo sie Platz und Licht und die Erde haben, die ihnen bekommt. Darin läßt er sich nicht beschwatzen. Manchmal gab's deshalb schon richtigen Krach, zum Beispiel mit dem Besitzer des Supermarkts in Kasparshausen. Der wollte einen Apfelbaum zwischen Wohnhaus und Garage geklemmt haben, noch dazu in puren Bauschutt. Aber er konnte dem Onkel Sepp nichts anhaben, weil der ja kein Geld für den Baum haben wollte. Nur hat er ihn aus Wut nicht heimgefahren. Der Onkel Sepp hat mit dem Baum zu Fuß heimwandern müssen, mit dem Holzbein. Aber mit dem kann er fast so gut laufen wie mit seinem echten.
„Du bist schon ein verrückter Kerl", hat einmal der Postbote zu

ihm gesagt. „Was könntest du für ein Geld machen mit deiner Obstbaumzucht, wo du doch eine so gute Hand für Bäume hast!“
„Würdest du deine Kinder verkaufen? Für Geld?“ antwortete ihm der Onkel Sepp.
„Das ist doch was ganz anderes“, sagte der Postbote.
„Was dir deine Kinder sind, das sind mir meine Bäume“, meinte der Onkel Sepp.
Da schüttelte der Postbote nur noch den Kopf. Aber ich verstand ihn, den Onkel Sepp. Und je älter ich werde, um so klarer wird mir, daß er der einzige normale Mensch ist unter lauter Verrückten. Ich finde es zum Beispiel gar nicht verrückt, daß er sich über die frischgepfropften Bäumchen beugt, mit den Fingerspitzen über die Pfropfwunden streicht und leise sagt: „Die Natur macht's schon, mein Kleiner. Du mußt nur den Willen dazutun.“
Ich finde es auch nicht verrückt, wenn er im zeitigen Frühjahr mit dem Spaten an seinen Hecken und Bachufern entlanggeht und Schößlinge ausgräbt – ganz behutsam, um die Wurzeln so wenig wie möglich zu verletzen. Dann ist er tagelang unterwegs, in der ganzen Umgebung, und pflanzt Bäume. Er pflanzt sie in kahle Hänge neben den Straßen, auf Feldraine, sogar an Wegränder mitten in den Dörfern. Er pflanzt sie überall hin, wo einmal Bäume waren oder wo sie schön aussähen oder wo man dankbar wäre für ihren Schatten. Er pflanzt Erlen an Bachufer und Birken an Spazierwege, Eichen an den Rand des langweiligen Fichtenwaldes und Kiefern in die sandige Böschung, in die das letzte Unwetter tiefe Furchen gezogen hat.
Im Spätherbst macht er das Ganze noch einmal. Zweimal im Jahr. In den Herbstferien und in den Osterferien, wenn sie früh liegen, helfe ich ihm dabei. Ich trage ihm die Schößlinge und darf auch schon pflanzen. Es hat lange gedauert, bis er mir das Pflanzen erlaubt hat. Ich war ihm anfangs zu grob mit den Wurzeln umgegangen. „Behandle den Baum so, als sei er du“, hat er mal zu mir gesagt.
Er fragt nicht danach, wem das Land gehört, in das er seine Bäume pflanzt. Meistens gehört es irgendwelchen Bauern, aber

manchmal auch dem Staat oder der Gemeinde oder einer Immobiliengesellschaft. Über die Hälfte seiner Bäume werden wieder herausgerissen, abgeschnitten, zertrampelt, verschüttet.Aber fast die Hälfte bleibt stehen und wächst an. Denn vielen Leuten ist es egal, was auf ihren Wiesen, ihren Wegrändern, ihren Rainen wächst, und es gibt auch Leute, die sich über Onkel Sepps Bäumchen freuen. Bäume pflanzen, das kostet ja Zeit und Geld. Wenn's einen Verrückten gibt, der's gratis für einen macht - na bitteschön! „Schau", sagt der Onkel manchmal zu mir, „ich bin der Vater von dieser Hecke, und dort die drei Birken stammen auch von mir."

Schon fast zwanzig Jahre lang pflanzt der Onkel Sepp Bäume, und seine Bäume pflanzen sich wieder fort. Jetzt wachsen schon überall in der Umgebung von Bellenbach und Kasparshausen mehr Bäume und Sträucher als rund um die anderen Dörfer, die weiter weg liegen. Richtig freundlich sieht's da jetzt aus. „Lieblich" hat ein Tourist unsere Landschaft genannt. Das hat der Postbote dem Onkel Sepp erzählt.

Früher hat der Onkel Sepp oft Scherereien mit den Bellenbachern und Kasparshausenern gekriegt, wenn er seine Bäume pflanzte. Manchmal wurden sogar die Hunde auf ihn gehetzt. Aber nie hat ihn ein Hund gebissen. Er redet nämlich mit ihnen. Dann lassen sie sich von ihm sogar streicheln. Wenigstens die meisten.

Seit Bellenbach aber den Preis im Wettbewerb „Unser Dorf soll schöner werden" bekommen hat, sehen die Leute Onkel Sepps Bäume auf einmal anders. Weil doch das Dorf jetzt so richtig im Grünen liegt. Der neue Bürgermeister hat den Onkel Sepp in einer Sitzung des Ortsverschönerungsvereins gelobt und hat gesagt, einen guten Teil des Preises hätte das Dorf ihm zu verdanken. Und man solle ihn nur ja auch weiterhin seine Bäume pflanzen lassen, ja man solle ihm das nachmachen!

Ich glaube nicht, daß ihm das viele Bellenbacher und Kasparshausener nachmachen werden. Es ist ihnen zu mühsam. Und wenn sie's auch täten, so wär's wohl nur dafür, daß sie mehr Sommerfrischler ins Dorf kriegen. Sommerfrischler bringen

Geld. Wenn sie's aber nur wegen dem Geld tun, dann werden wohl nicht viele von ihren Bäumchen anwachsen. Denn die spüren das, sagt der Onkel Sepp.
Mir ist es egal, ob Touristen nach Bellenbach und Kasparshausen kommen. Bei mir wachsen sie jedenfalls an, die Schößlinge. Zwischen den beiden Dörfern, wo die Landstraße oben am Berge die große Doppelkurve macht, wuchert schon eine richtige kleine Hecke von mir. Die hab ich gepflanzt, als ich neun Jahre alt war. Jetzt bin ich dreizehn.
Noch fünf Jahre, dann kann ich machen, was ich will. Dann ziehe ich zum Onkel Sepp und lasse mich, wenn's sein muß, von der ganzen Welt für faul und verrückt erklären. Ich werde weiterpflanzen, wenn der Onkel Sepp nicht mehr kann. Ich werde weit über die Gemarkung von Bellenbach und Kasparshausen hinauswandern, in die vielen Dörfer, die nie einen Onkel Sepp gehabt haben, und werde auch dort die Landschaft „lieblich" machen. Vielleicht werden bis dahin auch die Kasparshausener und die Bellenbacher so weit sein, daß sie Bäumchen pflanzen, ohne über die Mühe und die verlorene Zeit zu knurren. Vielleicht hat sich bis dahin die ganze Welt geändert, so, daß sie dem Onkel Sepp ein Denkmal setzt, ein hohes aus Marmor mit Stufen und Sockel. Auf dem steht vielleicht

DEM
GROSSEN
ONKEL SEPP,
DER AUCH MIT DER STUMMEN KREATUR
ZÄRTLICH UMGING,
IN DANKBARKEIT
UND ZÄRTLICHKEIT!

oder noch geschwollener, wie solche Denkmal-Texte eben sind. Aber das sind nur Bilder, die ich mir ausdenke, während die Lehrer vorn an der Tafel irgendwas erklären, was ich mir nicht vorstellen kann. Mein Vater nennt so was Phantastereien. Wenn ich das mit dem Denkmal dem Onkel Sepp erzähle, bekomme ich sicher nur ein Gelächter von ihm zu hören. Denn aus Denkmälern macht er sich nichts.

Frühling ist wiederkommen. Die Erde
ist wie ein Kind, das Gedichte weiß;
viele, o viele . . . Für die Beschwerde
langen Lernens bekommt sie den Preis.

Streng war ihr Lehrer. Wir mochten das Weiße
an dem Barte des alten Manns.
Nun, wie das Grüne, das Blaue heiße,
dürfen wir fragen: Sie kanns, sie kanns!

Erde, die frei hat, du glückliche, spiele
nun mit den Kindern. Wir wollen dich fangen,
fröhliche Erde. Dem Frohsten gelingts.

O, was der Lehrer sie lehrte, das Viele,
und was gedruckt steht in Wurzeln und langen
schwierigen Stämmen: sie singts, sie singts.

Rainer Maria Rilke

****

Die Mutter der Wölfe

A. Keller

Um die Jahrhundertwende war Mara Vukassin an der ganzen bosnischen Ostgrenze bekannt, von der Save bis zu den montenegrinischen Bergen, über die im Winter die ausgehungerten Wölfe nach Bosnien kamen. Mit dem ersten Nordsturm und dem ersten Schnee erschienen sie. In den langen Nächten hörte man ihr jaulendes Bellen, und die Menschen verkrochen sich ängstlich in den Häusern, denn ein hungriger Wolf ist schlimmer als hundert Teufel.

Mara Vukassin war damals alt und führte den seltsamen Beinamen Mutter der Wölfe. Die einen, es waren die älteren Leute, behaupteten, sie hätte den Beinamen erhalten, als sie einmal zwei junge Wölfe im Walde fand und aufzog – die jüngeren aber umgaben die Frau mit einem Legendenkranz und erzählten den ängstlich zusammenrückenden Mädchen Schauermärchen.

Bei den Gendarmen war Mara Vukassin nicht gut angeschrieben. Sie war eine Diebin und Stromerin und wahrsagte abergläubischen Leuten. Ihren Beinamen kannte sie und trug durch ihr Aussehen – sie war groß, hager und wild – und ihre phantastischen Erzählungen über ihre Kinder, die Wölfe, nicht wenig dazu bei, daß man sie fürchtete und froh war, wenn sie weiterzog.

Einmal gab es einen glühendheißen, trockenen Sommer, dem ein strenger, früher Winter folgte. Ende Oktober brauste der erste Nordsturm durchs Drinatal südwärts, mit ihm kam der erste Schnee – mit ihm kamen auch die Wölfe. Dieser Winter überraschte Mara Vukassin in einem kleinen Ort am Volujak-Paß. Sie konnte nicht weiter, und um nicht zu verhungern – da ihr die Bauern grundsätzlich nichts schenkten –, verdingte sie sich als Magd beim einzigen Wirt des Ortes.

Eines Tages erkrankte der sechsjährige Sohn dieses Wirts, und da sich der Zustand des Kleinen von Stunde zu Stunde verschlimmerte, mußte sich der Vater entschließen, mit ihm in die

Stadt zu fahren. Es war bitterkalt, und Wölfe trieben sich in der Umgebung umher. Darum erboten sich drei junge Burschen, den Wirt zu begleiten, er schlug aber das Angebot aus. „Ich vertraue auf die Schnelligkeit meines Pferdes“, meinte er, während er den langen, tiefgebauten Schlitten aus dem Schuppen zog und das Pferd, ein starkes Tier mit tapferen Augen, davorspannte. „Treffe ich auf ein kleines Rudel, halte ich mir die Bestien vom Leibe.“ Er lachte und reckte sich. „Habe ich das Pech, auf ein großes Rudel zu stoßen“, setzte er leise hinzu, „sind auch vier Männer zu wenig.“

Er bettete den kranken Kleinen zwischen Stroh und warme Decken, nahm die Zügel und sprang auf den Schlitten, als ihn der Ortsvorsteher aufhielt.

„Nimm doch Mara mit“, sagte er.

„Wozu?“ fragte der Wirt erstaunt.

Der Ortsvorsteher lächelte verlegen. „Je nun – ich glaube – hm – solange Mara bei dir und dem Kleinen ist, werden dich die Wölfe in Ruhe lassen. Sie werden doch ihre – Mutter nicht fressen?“

Der Wirt starrte nachdenklich in die Ferne. Er war, das konnte man ihm ansehen, über den Vorschlag nicht begeistert. Eine Person mehr belastete den Schlitten, und alles kam auf die Schnelligkeit an. Aber nach einer Weile schrie er nach Mara Vukassin und befahl ihr in barschem Ton, sich neben den Knaben zu setzen. Wortlos stieg Mara auf, und der Gaul zog an. In einer Wolke von aufstiebendem Pulverschnee verschwand das Gefährt.

Ein Tag verging nach dem anderen. In dem kleinen Ort auf der Paßhohe, inmitten der schweigenden, verschneiten Wälder, schien die Zeit stillzustehen. Bis eines Tages ein Junge den rückkehrenden Schlitten im Tal sah und durch sein Geschrei die Bauern auf die Straße rief. So kam es, daß alle Ortsinsassen den Wirt erwarteten, als er endlich eintraf. Neben ihm saß, frisch und gesund, sein Junge und hinter ihm im Schlitten kauerten vier Gendarme, schußbereite Gewehre in ihren Händen. „Wo ist Mara?“ fragte der Vorsteher nach der ersten Begrüßung.

Der Wirt, stark und hart wie die Berge, die auf die kleine

Ortschaft herabsahen, wandte sich ab, und seine Augen wurden trüb. „Sie ist tot“, murmelte er. „Die Wölfe haben sie gefressen.“
„Die Wölfe?“ Der Vorsteher schüttelte den Kopf. „Wann ist es geschehen?“
„Auf der Hinfahrt“, entgegnete der Wirt. „Wir kamen gut bis zum großen Wald. Kaum waren wir eingefahren, erschienen auch schon die ersten Grauen. Ihr wißt ja, wie sie Menschen jagen – die starken Tiere vorne und die anderen im Halbkreis dahinter, bereit, von allen Seiten anzustürmen. Ich trieb den Gaul an, und er rannte wie der Wind, aber der Hunger hatte die Wölfe wild gemacht. Sie ließen sich nicht abschütteln. Immer näher kamen sie, und plötzlich sprang der größte gegen die Flanken des Pferdes, das wütend nach ihm biß. Es ist ein Pferd aus den Volujak-Bergen und kennt die Wölfe von Jugend auf.“
„Du mußt ja schon in der Nähe der Stadt gewesen sein!“ meinte der Vorsteher.
„Ja.“ Der Wirt nickte. „Ich sah schon in der Ferne das Minarett und das rote Dach des Gemeindehauses, aber auch die Wölfe wußten, daß es höchste Zeit war. Sie begannen auf den Schlitten zu springen. Zwei erschoß ich, aber dann mußte ich einsehen, daß es kein Entrinnen mehr gab.
Da stand Mara auf. ‚Treib die Pferde an, was du kannst‘, sagte sie, und ihre Stimme war hell und klar, ‚ich springe ab.‘
‚Mara‘, schrie ich, ‚Mara – du kannst doch nicht . . .‘ Sie lachte. ‚Ich bin doch die Mutter der Wölfe! Grüß alle! Gott segne dich und den Kleinen!‘
Ich fühlte, wie der Schlitten plötzlich leichter wurde, und hörte schreckliches Geheul. Als ich zurücksah, balgten sich die Wölfe auf der Straße.“
„Arme Mara“, murmelte der Vorsteher. „Sicher glaubte sie an ihre Macht über die Wölfe!“
„Macht?“ Der Wirt ballte die Fäuste. Er war ein großer und starker Mann. Unvermittelt begann er zu weinen. „Sie hat nie daran geglaubt. Sie wußte genau, was ihr bevorstand, aber sie opferte sich für den Kleinen. Verstehst du?“

„Ich verstehe", flüsterte der Vorsteher. „Ich verstehe." Tiefe Stille senkte sich nieder.
Wie auf Kommando zogen alle Männer die Kappen, und die Frauen sanken in die Knie. In diesem Augenblick wurde die alte Diebin und Stromerin, die verachtete, ruhelose Mara Vukassin, groß durch die Trauer der Bauern.

Am Sterbebett der Mutter

Johannes Gillhoff

Lieber Freund und Lehrer! Ich will heute nur ein paar Wörter schreiben, aber in den nächsten Wochen wird der Brief wohl fertig werden. Ich bin sehr traurig in meinem Herzen. Ich habe letzten Mittwoch, den zwölften April, meine Mutter begraben. Ich soll dich von ihr grüßen mit ihrem letzten Gruß, und sie läßt sich auch noch bedanken für alles Gute, was du ihr getan hast. Siehe, so will ich dir das schreiben und ausrichten.
Mutter ist ihres Lebens alt geworden 72 Jahr, 6 Mond und 5 Tage. Davon ist sie beinah sechs Jahr hier bei mir gewesen. Als ich ihr die Freikarte rüberschickte, da ist sie ganz gern gefahren, weil wir uns über dreißig Jahr nicht gesehen hatten und weil sie alt wurde und nicht mehr so recht arbeiten konnte. Aber es ist ihr hier so gegangen wie den meisten, die alt rüberkommen. Sie ist das Heimweh nicht mehr losgeworden. Es ging ihr damit gerade so wie dem alten Fehlandt. Der hatte es hier bei seinen Kindern auch gut, aber es fehlte ihm was, das konnte das Land Amerika ihm nicht geben, so groß und reich es auch ist. Alte Bäume verpflanzen sich schlecht. Sie fangen an zu quienen (kränkeln) und gehen so nach und nach ein.
Mutter ist hier auch nie ganz zu Hause gewesen. Wir haben alles getan, was wir ihr an den Augen abkucken konnten. Wir haben sie auf den Händen getragen. Sie hat kein ungutes Wort zu hören gekriegt. Aber das Land war ihr fremd, das Haus war ihr fremd und die Wirtschaft zu weitschichtig. Unsre Kinder waren

groß und brauchten nicht mehr auf dem Arm getragen zu werden. Auch gab es hier keine Gössel zu hüten und keine Küken, was sonst ja ganz gut ist für die Alten. Und den ganzen Tag Strümpfe stricken und stopfen, das ging doch auch nicht. Die Hände in den Schoß legen und stillsitzen, das konnte sie nicht, denn sie hatte es nicht gelernt, und im Schaukelstuhl hat sie nie nicht gelegen. Sie sprach: Ich will mit dem Sitzen und Liegen auf meine alten Tage nicht mehr umlernen. Zum Sitzen bei Tag ist der Stuhl da und zum Schlafen bei Nacht das Bett, und mit so'n Mittelding, was nicht mal feststeht auf seinen Beinen, damit will ich nichts zu schaffen haben. Aber nun ist sie tot, und am letzten Mittwoch haben wir sie begraben.

Sie ist nicht lange krank gewesen. Wir hatten dies Frühjahr scharfen Wind, und da kriegte sie es auf der Brust. Ich holte den Doktor heimlich, denn das wollte sie auch nicht. Er sprach ihr gut zu. Aber draußen sagte er zu mir, daß sie wohl nicht wieder werden würde. Die Tropfen, die er ihr verschrieb, die hat sie willig eingenommen. Aber dabei ist ihr Essen immer weniger geworden, und sie wurde immer schwächer. Ihre Finger waren zuletzt ganz dünn und nichts als Haut und Knochen.

In der letzten Zeit hab ich oft und lange an ihrem Bett gesessen und ihre Hand gehalten, und wir haben viele gute Wörter miteinander gesprochen. In den Wochen bin ich eigentlich, solange ich hier bin, zum erstenmal so ganz zur Besinnung gekommen. Da bei meiner alten Mutter am Bett, da ist all der Arbeitskram und die Arbeitssorge von mir abgefallen wie ein fremder Rock, und ich bin bloß noch meiner Mutter ihr großer Jung gewesen. Sie hat zu mir gesagt: Du bist zu scharf im Arbeiten. Du mußt nicht so hart schaffen. Du mußt dir Zeit lassen, daß du mal zur Besinnung kommst. Besinnung tut dem Menschen nötig, denn er ist nicht bloß zum Arbeiten da. Du hast deine meisten Sensen verbraucht und dein meistes Korn gedroschen. Deine letzte Ernte kommt früh genug; da brauchst du gar nicht so doll zu laufen. – So hat meine Mutter zu mir gesprochen, denn ihr Leben war Arbeit und Mühseligkeit. Darum so habe ich es mir aufmerksam in mein Herz genommen und mein Leben

überdacht. Und siehe, sie hatte recht. Eine Mutter hat immer recht, wenn sie zu ihren Kindern spricht. Denn sie suchet ihrer Kinder Bestes und findet es auch.
Meist aber haben wir von zu Hause gesprochen. Sie hat auch oft davon erzählt, daß du den Alten im Dorf, die nicht mehr zur Kirche kommen konnten, Sonntagabend in der Schule immer und all die Jahre eine Predigt aus Harms oder Scheven vorgelesen hast. Und von der Weihnachtsfeier, die du den Kindern und den Alten im Dorf in der Schule machst und wozu sie sich alle schon vom Herbst an freuen. Dabei sagte sie: Für die Alten im Dorf war das Leben im Winter ohne die Weihnachtsfeier und Predigt in der Schule wie eine griese Jacke.
Auch hat sie mir viel erzählt aus ihrer Kinderzeit, wo ich nichts von wußte. Denn es ist mit den Menschen also: Wenn sie alt werden und die Beine wollen nicht mehr vorwärts, dann fangen die Gedanken an zu wandern, und sie wandern rückwärts. Einmal hat sie auch zu mir gesagt: Wenn ich an die alte Zeit zurückdenke und dann wieder an heute, dann ist mir, als ob ich bloß aus einer Stube in die andere gehe. Bloß in der Tür ist das dunkel. Aber da kommt man denn auch wohl durch.
Siehe, das sagte die alte Frau da in ihrem Bett. Da hörte ich in Ehrfurcht zu und streckte ihr die Hand und sprach: Mudding, was du eben gesagt hast, das könnte ganz gut im Psalm stehen, bloß mit ein bißchen andern Wörtern. – Unterdes war es schummerig geworden, aber Wieschen hatte draußen noch zu tun. Da sagte sie ganz leise, so, als wenn sie sich schämte: Jürnjakob, sagte sie, du kannst mir mal einen Kuß geben. Mich hat so lange keiner mehr geküßt. Ich hab eigentlich bloß dreimal im Leben einen Kuß gekriegt. Einmal, als ich mit Jürnjochen Hochzeit machte. Das andre Mal, als du geboren wurdest. Das dritte Mal, als Jürnjochen starb. Nun will ich mich fertigmachen und ihm nachgehen. So kannst du mir noch einen mit auf den Weg geben. – Ich aber sprach: Mudding, das geht mir gerade so wie dir, und ich sehe, daß ich dein Sohn bin. Da haben wir beide was nachzuholen.
So hab ich mich ganz sacht über sie gebückt und sie richtig geküßt, und sie hat mich über die Backe gestrakt, als wenn ich

noch ihr kleiner Junge war. Dann legte sie sich zurück und war ganz zufrieden. Als ich dann aber draußen beim Vieh stand, da war ich in meinem Herzen richtig erstaunt und sprach zu mir: Jürnjakob Swehn, da liegt nun eine alte Frau und will sterben, und das ist deine Mutter, und du hast sie im Leben nicht kennengelernt. Siehe, so lernst du sie im Sterben kennen.
Als aber der Tag zu Ende war, da kam ein anderer, und das war der letzte. Das war ein Sonnabend. Ihr Essen und Trinken, das war nicht mehr, als wenn ein kleiner Vogel essen und trinken tut. Als die Arbeit fertig war und es schon schummerte, da saß ich wieder an ihrem Bett und hielt ihre Hand, und der Puls ging sehr schnell. Lange Zeit saßen wir da im Schummern. Es war ganz feierlich wie in der Kirche, wenn vorn auf dem Altar die beiden Lichter brennen, weil Abendmahl ist. Ja, daran dachte ich, als ich in ihre Augen sah. Es waren sonst ganz gewöhnliche blaue Augen; aber an dem Tage ging ein Schein von ihnen aus, den sah ich sonst nicht in dieser Welt. Aber nun sah ich ihn mit meiner Seele.
Wieschen machte Licht und gab ihr mit freundlichen Wörtern was zu trinken, denn die Lippen waren trocken. So, Jürnjakob, sagte sie dann, nun lies mir was aus der Bibel vor.
So las ich ihr die Geschichte von Lazarus vor, und als ich zu Ende war, sagte sie: Da ist ein Psalm, den will ich noch gerne hören. Ich weiß nicht mehr, wo er anfangen tut, aber da ist was von Säen und Ernten drin. – Ich weiß schon, Mudding, welchen du meinst, sagte ich und schlug den 126. auf und las: Wenn der Herr die Gefangenen Zions erlösen wird, dann werden wir sein wie die Träumenden. Hörst du, Mudding? Wie die Träumenden! – Ich höre, mein Sohn. – Und ich las weiter bis zum Schluß: Sie gehen hin und weinen und tragen edlen Samen und kommen mit Freuden – mit Freuden, Mudding! – und bringen ihre Garben. – Ich hab man keine Garben, wenn ich ankomme. – Ja, Mudding, wenn's danach geht, dann kommen wir alle nackt an und haben nichts in der Hand.
Sie schwieg eine Weile. Dann sagte sie: Nimm das Gesangbuch und lies: Christus, der ist mein Leben. So las ich den Gesang, und sie hatte die Hände gefolgt und leise mitgesprochen, und als ich zu Ende war, da sagte sie: Das hat unser Lehrer auch mit den

Schülern gesungen, als Jürnjochen gestorben war. Und nun lies noch: Wenn ich einmal soll scheiden. So las ich die beiden Verse. Dann gab Wieschen ihr wieder zu trinken, und sie nickte ihr zu und drückte ihr die Hand, und einen Cake hat sie auch noch gegessen, und als ich sie nötigte, noch einen halben. Als sie den auf hatte, freute ich mich: Oh, Mudding, wat is dat schön, dat du en beten eten hest. Du sast man seihn, wenn dat nun ierst warm ward, denn ward dat ok weder beter mit di. – Da rakte sie leise mit der Hand über die Bettdecke, sah mich an und sprach: Beter warden? Dor is nich an tau denken. Du mößt blot noch beden, dat dat nich mehr so lang duert. – Lieber Freund, als sie das sagte, da ging mir das mitten durch meine Seele, denn ich hatte mich eben noch zu ihrem Essen gefreut.
Dann rakte sie wieder leise über die Decke, und ihre Seele war sehr müde. Ich aber überdachte ihr Leben, als es zu Ende ging, und fand nichts als Mühe und Not. Dann folgte sie die Hände wieder und sah mich still und fest an, und ihre Augen waren groß und tief. Da war schon etwas drin, was sonst nicht drin war. Das kann ich nicht mit Wörtern beschreiben. Da konnte man hineinsehen wie in einen tiefen See. Ich legte meine Hand ganz sacht wieder auf ihre Hände, und wir warteten. Aber nicht mehr lange. Dann sagte sie noch mal was. Sie sagte: Ick wull, dat ick in'n Himmel wer; mi ward die Tied all lang. – Lieber Freund, das behalte ich mein Leben lang bis an meinen Tod. Das könnte, so wie es ist, ganz gut im Gesangbuch stehen. Dann aber folgte sie die Hände wieder unter meiner Hand. So betete sie ganz leise unser altes Kindergebet: Hilf, Gott, allzeit, mach mich bereit zur ew'gen Freud und Seligkeit. Amen.
Als sie das Amen gesagt hatte, da drehte sie den Kopf so'n bißchen nach links rum, als wenn da wer kommen tat. Und da ist auch einer gekommen; den habe ich nicht mit meinen Augen gesehen und nicht mit meinen Ohren gehört. Der hat sie bei der Hand genommen, und da ist ihre Seele ganz leise mitgegangen, richtig so, als wenn man aus einer Stube in die andre geht. So ist sie nach Hause gegangen, als wenn ein müdes Kind abends nach Hause geht. Und nun ist sie nicht mehr in einem fremden Lande.

Das Märchen von den Weizenkörnern

Schwester Renate

In einem großen Weizenfeld stand eine Ähre mit vielen kleinen Körnern darin, die geborgen und behütet in ihrem kleinen Häuschen saßen und auf das große Leben warteten. Und während sie so warteten und wuchsen und reiften, machten sie sich ihre Gedanken und sprachen über ihre Wünsche. „Ich möchte einmal viel erleben", sagte das erste, „und die Welt sehen; endlich einmal etwas anderes sehen als dieses Weizenfeld!" Das zweite sagte: „Ich möchte ein sinnvolles Leben haben, das für die Menschen nützlich ist!" Das dritte und vierte Korn pflichteten ihm bei: „Ja, das wollen wir auch! Wir wollen dem Hunger in der Welt wehren." Das fünfte Körnlein aber liebte sich selbst und wollte lieber in Ruhe sein Leben genießen. Körnchen Nummer 6 schaute in die Ferne und sagte sehnsüchtig: „Ich möchte Gottes Geheimnisse sehen!" Das letzte Körnlein war etwas einfältig und wußte nicht so recht, was es wünschen sollte. „Ich möchte, daß Gott mein Leben gebraucht, wie er es will!" sagte es schließlich.

Und es geschah, daß der allmächtige Gott die Wünsche der Ährenkinder hörte und beschloß, jedem Körnlein zu geben, was es begehrte. – Und als die Körnlein dick und reif waren und die Ernte kam, da fiel das erste, das die Welt sehen wollte, neben dem Sack auf den Wagen und fuhr die lange Strecke vom Feld zur Scheune, vorbei an Wiese und Wald, an Häusern, Menschen, Gärten, an Rinderherden, die von der Weide kamen, und Schulkindern, die von der Schule kamen. Und es schaute und schaute. Dreimal fuhr es vom Feld zur Scheune und von der Scheune zum Feld. Dann fiel es an einer holprigen Wegstelle vom Wagen und wurde von den Rädern zerquetscht. Das fünfte Körnlein, das sich selber liebte, kam erst gar nicht auf den Wagen. Es hatte Angst vor dem Mähdrescher und sprang vorher auf die Erde. Da genoß es die Luft und den Sonnenschein und schloß Freundschaft mit einer Ackerwinde und einem Marienkäfer – bis ein frecher Spatz kam und es einfach aufpickte.

Die anderen Körnlein fielen alle miteinander in einen großen Sack und kamen in die Scheune. In dem Sack war es ziemlich dunkel und sehr eng. Sie stießen und drückten sich gegenseitig. Es war nicht mehr so schön wie in ihrer Kinderstube, wo jeder sein eigenes kleines Häuschen an der großen Ähre hatte.
Die Körnlein, die ein sinnvolles, nützliches Leben haben wollten, wurden eines Tages mit einer großen Schippe zusammen mit vielen anderen aus dem Sack geholt und in die Mühle geworfen. Körnchen Nummer 4 ahnte, was da kommt, und sprang schnell von der Schippe ab - zurück in den Sack. „Nein, nein. Das ist zuviel! Da verliere ich ja meine Identität. Ich will mein individuelles Leben leben. So eng mit den anderen zermahlen und verbacken werden, das ist doch geschmacklos!" Der allmächtige Gott achtete den Wunsch des Körnleins. Und am nächsten Tag griff die Bäuerin es mit einer Handvoll anderer Körner und streute sie alle mit weitem Schwung in den Hühnerhof. - Jedes hatte Weite um sich und sein individuelles Plätzchen; und jedes wurde einzeln und individuell von den Hühnern gefressen.
Die anderen beiden aber, die in die Mühle geraten waren, wurden gemahlen und im Ofen gebacken zu knusprigen Brötchen. Und am Morgen beim Frühstück durften sie die Kinder satt machen.
Nun blieb noch das sechste Körnchen mit seinen hohen Gedanken und Sehnsüchten und das kleine siebte, das ein wenig einfältig war. Und der allmächtige Gott dachte an sie und dachte sich etwas ganz Schönes für sie aus. Körnchen Nummer 6 kam eines Tages auch in die Mühle und in die Backstube und mußte durch die gleichen schmerzhaften Prozesse gehen wie seine Brüder vorher und mit vielen anderen zusammen zum Brot werden. Es wurde aber kein knuspriges Brötchen für den Morgenkaffee, sondern es kam auf den Altar der kleinen Dorfkirche. Und als der Geistliche Gebet und Segen sprach und das Brot emporhob, da spürte es im Innersten das unaussprechliche Geheimnis Gottes und verlor sich selber darin.
Das kleine siebte Korn aber griff der Bauer nach einiger Zeit mit

seinen Brüdern, die auch noch übrig waren, und fuhr sie wieder zurück zum Acker. Mit gleichmäßigen Armbewegungen warf er sie in die schwarze Erde. Dann kam die Egge, und der Boden schloß sich über ihnen. Körnchen Nummer 7 wußte nicht, was mit ihm geschah; aber es war zu einfältig, um sich viele Gedanken zu machen. Es blieb still im Dunkel und ertrug die Schmerzen und Veränderungen, die es in sich fühlte, bis es in der Erde starb.
Und nach einigen Monaten wuchs dort, wo es gestorben war, eine Ähre auf, die dreißig Körner trug. Der allmächtige Gott lächelte und nahm sieben davon für sich auf den Altar, und sieben warf er wieder auf den Acker - und alle, die noch übrig waren, bekamen die Kinder als Frühstücksbrötchen.

Anekdote gegen den Streß

Heinrich Böll

In einem Hafen an einer westlichen Küste Europas liegt ein ärmlich gekleideter Mann in seinem Fischerboot und döst. Ein schick angezogener Tourist legt eben einen neuen Farbfilm in seinen Fotoapparat, um das idyllische Bild zu fotografieren: blauer Himmel, grüne See mit friedlichen schneeweißen Wellenkämmen, schwarzes Boot, rote Fischermütze, klick. Noch einmal: klick, und da aller guten Dinge drei sind und sicher sicher ist, ein drittes Mal: klick. Das spröde, fast feindselige Geräusch weckt den dösenden Fischer, der sich aufrichtet, schläfrig nach seiner Zigarettenschachtel angelt, aber bevor er das Gesuchte gefunden, hat ihm der eifrige Tourist schon eine Schachtel vor die Nase gehalten, ihm die Zigarette nicht gerade in den Mund gesteckt, aber in die Hand gelegt, und ein viertes Klick, das des Feuerzeuges, schließt die eilfertige Höflichkeit ab. Durch jenes kaum meßbare, nie nachweisbare Zuviel an flinker Höflichkeit ist eine gereizte Verlegenheit entstanden, die der

Tourist - der Landessprache mächtig - durch ein Gespräch zu überbrücken sucht.
„Sie werden heute einen guten Fang machen."
Kopfschütteln des Fischers. „Aber man hat mir gesagt, daß das Wetter günstig ist." Kopfnicken des Fischers.
„Sie werden also nicht ausfahren?"
Kopfschütteln des Fischers, steigende Nervosität des Touristen. Gewiß liegt ihm das Wohl des ärmlich gekleideten Menschen am Herzen, nagt an ihm die Trauer über die verpaßte Gelegenheit.
„Oh, Sie fühlen sich nicht wohl?"
Endlich geht der Fischer von der Zeichensprache zum wahrhaft gesprochenen Wort über. „Ich fühle mich großartig", sagt er. „Ich habe mich nie besser gefühlt." Er steht auf, reckt sich, als wolle er demonstrieren, wie athletisch er gebaut ist. „Ich fühle mich phantastisch."
Der Gesichtsausdruck des Touristen wird immer unglücklicher, er kann die Frage nicht mehr unterdrücken, die ihm sozusagen das Herz zu sprengen droht: „ Aber warum fahren Sie dann nicht aus?"
Die Antwort kommt prompt und knapp. „Weil ich heute morgen schon ausgefahren bin."
„War der Fang gut?"
„Er war so gut, daß ich nicht noch einmal auszufahren brauche, ich habe vier Hummern in meinen Körben gehabt, fast zwei Dutzend Makrelen gefangen . . ."
Der Fischer, endlich erwacht, taut jetzt auf und klopft dem Touristen beruhigend auf die Schulter. Dessen besorgter Gesichtsausdruck erscheint ihm als Ausdruck zwar unangebrachter, doch rührender Kümmernis.
„Ich habe sogar für morgen und übermorgen genug", sagt er, um des Fremden Seele zu erleichtern. „Rauchen Sie eine von meinen?"
„Ja danke."
Zigaretten werden in Münder gesteckt, ein fünftes Klick, der Fremde setzt sich kopfschüttelnd auf den Bootsrand, legt die

Kamera aus der Hand, denn er braucht jetzt beide Hände, um seiner Rede Nachdruck zu verleihen.
„Ich will mich ja nicht in Ihre persönlichen Angelegenheiten mischen", sagt er, „aber stellen Sie sich mal vor, Sie führen heute ein zweites, ein drittes, vielleicht sogar ein viertes Mal aus, und Sie würden drei, vier, fünf, vielleicht gar zehn Dutzend Makrelen fangen . . . stellen Sie sich das mal vor."
Der Fischer nickt.
„Sie würden", fährt der Tourist fort, „nicht nur heute, sondern morgen, übermorgen, ja, an jedem günstigen Tag zwei-, dreimal, vielleicht viermal ausfahren – wissen Sie, was geschehen würde?"
Der Fischer schüttelt den Kopf.
„Sie würden sich in spätestens einem Jahr einen Motor kaufen können, in zwei Jahren ein zweites Boot, in drei oder vier Jahren könnten Sie vielleicht einen kleinen Kutter haben, mit zwei Booten oder dem Kutter würden Sie natürlich viel mehr fangen – eines Tages würden Sie zwei Kutter haben, Sie würden . . .", die Begeisterung verschlägt ihm für ein paar Augenblicke die Stimme, „Sie würden ein kleines Kühlhaus bauen, vielleicht eine Räucherei, später eine Marinadenfabrik, mit einem eigenen Hubschrauber rundfliegen, die Fischschwärme ausmachen und Ihren Kuttern per Funk Anweisung geben. Sie könnten die Lachsrechte erwerben, ein Fischrestaurant eröffnen, den Hummer ohne Zwischenhändler direkt nach Paris exportieren – und dann . . .", wieder verschlägt die Begeisterung dem Fremden die Sprache. Kopfschüttelnd, im tiefsten Herzen betrübt, seiner Urlaubsfreude schon fast verlustig, blickt er auf die friedlich hereinrollende Flut, in der die ungefangenen Fische munter springen.
„Und dann", sagt er, aber wieder verschlägt ihm die Erregung die Sprache. Der Fischer klopft ihm auf den Rücken, wie einem Kind, das sich verschluckt hat. „Was dann?" fragt er leise.
„Dann", sagt der Fremde mit stiller Begeisterung, „dann könnten Sie beruhigt hier im Hafen sitzen, in der Sonne dösen – und auf das herrliche Meer blicken."
„Aber das tu ich ja schon jetzt", sagt der Fischer . . .

Die besondere Hochzeitsgeschichte

Robert Fulghum

Ich habe über tausendmal Hochzeit gehalten. Nahm als Pfarrer eine Menge Trauungen vor, und fast immer habe ich dabei so sehr mitgefiebert, daß ich das Gefühl hatte, ich sei derjenige, der heiratet. Trotzdem freue ich mich jedesmal wieder darauf, denn die meisten Hochzeiten sind regelrechte Komödien.

Nicht, daß sie als solche beabsichtigt wären. Aber da es sich bei Hochzeiten um regelrechte Staatsaffären handelt, in die ziemlich überforderte und gestreßte Amateure verwickelt sind, geht immer etwas schief. Hochzeiten scheinen Pannen und irgendwelche Verrücktheiten, die im hintersten Winkel jeder Familie lauern, wie magnetisch anzuziehen.

Ich will Ihnen die typische Hochzeitsgeschichte erzählen. Eine Katastrophe. Erstaunlicherweise nimmt sie ein gutes Ende, obwohl Sie dies zunächst bezweifeln werden, so wie ich es seinerzeit auch getan habe.

Die Hauptrolle in diesem Drama spielte die Mutter der Braut (MDB). Nicht Braut und Bräutigam oder der Pfarrer. Mutter. Normalerweise ein höfliches, vernünftiges, intelligentes und normales Wesen. Seit für ihre Tochter das Aufgebot bestellt war, war Mutter übergeschnappt. Ich meine nicht, daß sie unglücklich war, wie es oft der Fall ist. Im Gegenteil. Sie war von Freude überwältigt. Und fast wäre es ihr gelungen, alle anderen mit ihrer Freude zu überwältigen, bevor sich der Staub legte.

Niemand wußte es, aber die Dame hatte ein Drehbuch für einen Film in petto, das Hollywood begeistert hätte. Eine königliche Hochzeit, einer Prinzessin würdig. Und da es ihr Geld war, konnte man sich dem schwerlich entziehen. Der Vater der Braut betete, seine Tochter möge durchbrennen. Seine Gebete sollten nicht erhört werden. Mutter hatte sieben Monate Zeit für die Hochzeitsvorbereitungen, und nichts wurde dem Zufall oder menschlichem Irrtum überlassen. Alles, was sich mit Monogrammen versehen ließ, erhielt ein Monogramm. Teegesellschaften, Partys zur Überreichung der Hochzeitsgeschenke und Abendempfänge wurden veranstaltet. Mit Braut und Bräutigam kam ich nur dreimal zusammen. Die MDB rief mich jede Woche an, und sie war so oft in meinem Amtszimmer wie die Reinemachefrau. *(Der Partyservice rief mich an und fragte, ob er wirklich eine Hochzeit ausrichten sollte oder eine Invasion. „Eine Invasion", erklärte ich.)*

Ein Achtzehn-Mann-Blasorchester wurde engagiert. *(Die Kirchenorgel genügte einfach nicht – das wäre zu „kirchlich" gewesen.)*

Die Wunschliste der Braut lag in Geschäften weit östlich bis New York und weit südlich bis Atlanta auf. Nicht nur die Kleider der Brautjungfern wurden in Auftrag gegeben, auch die Smokings für den Bräutigam und die Trauzeugen wurden gekauft. Nicht geliehen, o nein. Gekauft. Als wäre das alles noch nicht genug, wurde der Trauring dem Juwelier zurückgegeben, damit er einen größeren Stein einsetzte. Heimlich von der MDB bezahlt. Wenn ich sage, die Dame war übergeschnappt, dann meine ich *übergeschnappt*.

Im Rückblick scheinen mir die Probe und das Essen am Vorabend des großen Ereignisses nicht unähnlich dem, was in der Nacht vor Waterloo in Napoleons Lager geschah. Nichts war dem Zufall überlassen worden. Nichts konnte den Sieg am nächsten Tag verhindern. Niemand würde diese Hochzeit je vergessen. *(Genau wie niemand Waterloo je vergaß. Aus demselben Grunde, wie sich später zeigte.)*

Das Schicksal nahm seinen Lauf, und die große Stunde nahte. Gäste im Feststaat drängten sich in der Kirche. So viele Kerzen brannten, daß sie die Nacht zum Tag hätten machen können. Auf der Chorempore blies das Orchester grandiose Musik. Und die großmächtige MDB rauschte mit der Grandezza einer Operndiva bei der Premiere durch den Mittelgang. Nie hat eine Brautmutter mit größerer Befriedigung ihren Platz eingenommen. Sie hatte es geschafft. Sie glühte, strahlte, lächelte und seufzte.

Die Musik wurde leiser, und neun – sage und schreibe neun – in Chiffon gehüllte Brautjungfern schritten im Gänsemarsch den

langen Gang entlang, während der festlich gewandete Bräutigam und die Trauzeugen gelassen an ihre Plätze marschierten. Endlich, ach endlich verkündete das Orchester mit brausendem Hochzeitsmarsch den Einzug der Braut. Ihr voran schritten vier kleine Prinzessinnen, die eifrig Blütenblätter streuten, und zwei winzige Ringträger – für jeden Ring einer. Die Versammlung erhob sich und drehte sich erwartungsvoll um.
Ah, die Braut! Sie war stunden-, wenn nicht tagelang angekleidet worden. Sie hatte kein bißchen Adrenalin mehr übrig gehabt. Und dann, als sie, während der Einmarsch der Brautjungfern kein Ende nahm, allein mit ihrem Vater im Vestibül der Kirche gewartet hatte, war sie die mit Leckereien beladenen Tische entlanggeschlendert und hatte geistesabwesend zuerst von den kleinen rosa, gelben und grünen Minzbonbons genascht. Dann machte sie sich über die Silberschalen mit der Nußmischung her und vertilgte die Pekannüsse. Es folgten ein, zwei Käsebällchen, etliche schwarze Oliven, eine Handvoll glasierte Mandeln, ein Würstchen, in dem ein verzierter Zahnstocher steckte, mehrere mit Speck umwickelte Shrimps und ein dick mit Leberpastete bestrichener Cracker. Zum Hinunterspülen – ein Glas rosa Champagner. Ihr Vater hatte es ihr gegeben. Um ihre Nerven zu beruhigen.
Was einem auffiel, als die Braut auf der Türschwelle stand, war nicht ihr weißes Kleid, sondern ihr weißes Gesicht. Denn was da den Gang entlangkam, war eine lebendige Granate unmittelbar vor der Detonation.
Die Braut übergab sich.
Just als sie an ihrer Mutter vorüberschritt.
Und mit „übergeben“ meine ich nicht ein höfliches, kleines, damenhaftes Bäuerchen in das Taschentuch. Sie kotzte. Es gibt einfach kein feines Wort dafür. Ich meine, sie besudelte den vorderen Altarraum – und traf zwei Brautjungfern, den Bräutigam, einen Ringträger und mich.
Ich weiß die Einzelheiten ganz genau. Wir haben alles auf Video. Mit drei Kameras aufgenommen. Die MDB hatte an alles gedacht.

Nachdem die Braut ihre Hors d'œuvres, ihren Champagner und den Rest ihrer Würde von sich gegeben hatte, sank sie ermattet in die Arme ihres Vaters, während ihr Bräutigam sich verdattert auf die Erde setzte, wo er gestanden hatte. Die Brautmutter aber wurde ohnmächtig und fiel wie eine Stoffpuppe in sich zusammen.

Daraufhin hatten wir vorn in der Kirche eine Feueralarmübung, die nur von den Marx Brothers hätte übertroffen werden können. Trauzeugen hasteten heroisch umher, kleine Prinzessinnen mit Blumenkörben in den Händen kreischten, Brautjungfern schluchzten, und Leute mit schwachen Mägen strebten dem Ausgang zu. Alldieweil das Orchester nichtsahnend weiterspielte. Die Braut war nicht nur eingetreten, sie war auch weggetreten – weggetreten in einen anderen Bewußtseinszustand. Der Geruch nach frisch Erbrochenem zog durch die Kirche und vermischte sich mit dem Duft tropfender Kerzen. Napoleon und Waterloo brachten sich in Erinnerung.

Man sah nur zwei Personen lächeln. Die eine war die Mutter des Bräutigams. Die andere war der Vater der Braut.

Und wir? Nun, wir sind ins wahre Leben zurückgekehrt. Die Gäste wurden, bis es weiterging, ins Vestibül gebeten, allerdings aßen und tranken sie nicht so viel, wie sie es unter anderen Umständen vielleicht getan hätten. Die Braut wurde getröstet, gesäubert, mit dem Kleid einer Brautjungfer ausgestattet und von dem wiederbelebten Bräutigam viele Male umarmt und geküßt. *(Dafür wird sie ihn immer lieben. Als er später „in guten wie in schlechten Tagen" sagte, meinte er es ernst.)* Die Gäste wurden wieder hereingerufen, eine einzelne Flöte spielte eine leise Weise, das Ehegelöbnis wurde gesprochen und die Trauung vollzogen. Alles weinte, wie man es bei Hochzeiten von den Leuten erwartet, die meisten deshalb, weil der Bräutigam die Braut während der ganzen Zeremonie in den Armen hielt. Und nie hat ein Bräutigam seine Braut zärtlicher geküßt als er.

Insoweit man von einer Hochzeit hoffen kann, daß man immer an sie denken wird, war diese ein stürmischer Erfolg. *Niemand*, der dabei war, wird sie *je* vergessen.

Und sie lebten fortan glücklich und vergnügt, wie es alle tun – das heißt, glücklicher sogar als viele andere –, und sie sind jetzt ungefähr zwölf Jahre verheiratet und haben drei muntere Kinder.
Doch damit ist die Geschichte nicht zu Ende. Der beste Teil kommt noch. Am zehnten Jahrestag dieser katastrophalen Begebenheit wurde eine Party gefeiert. Drei Fernsehgeräte wurden aufgestellt, ein Festmahl arrangiert, die besten Freunde eingeladen. *(Sie erinnern sich, drei Videokameras waren damals vor Ort dabeigewesen, und so wurden nun alle drei Filme auf einmal gezeigt.)* Es wurde ein heiteres Spektakel, vor allem mit dem laufenden Kommentar und dem ständigen Anhalten und Weiterspielen, das sonst, wenn nur ein einziges Video gezeigt wird, oft etwas schwerfällig wirkt. Jubelrufe wurden laut, als die Kamera das Grinsen im Gesicht des Brautvaters festhielt, während er seine wieder zu sich kommende Gemahlin betrachtete.
Der Grund, warum ich dies als den besten Teil des Ganzen betrachte, hat nichts mit der Party zu tun. Sondern mit der Person, die sie arrangiert hat. Natürlich. Die unrühmliche MDB. Mutter ist immer noch aktiv, aber sie ist heutzutage viel gelassener. Sie hat nicht nur ihrem Ehemann und allen anderen ihre Rolle bei dem Debakel verziehen, sie hat auch sich selbst verziehen. Und niemand hat mehr über den Film gelacht als sie.
Es gibt ein Wort für das, was sie tat. Würde.
Und das ist der Grund, weshalb derselbe grinsende Mann seit vierzig Jahren mit ihr verheiratet ist. Und warum ihre Tochter sie noch immer liebt.

Ich lebe mein Leben in wachsenden Ringen,
die sich über die Dinge ziehn.
Ich werde den letzten vielleicht nicht vollbringen,
aber versuchen will ich ihn.

Ich kreise um Gott, um den uralten Turm,
und ich kreise jahrtausendelang;
und ich weiß noch nicht: bin ich ein Falke, ein Sturm
oder ein großer Gesang.

Rainer Maria Rilke

****

Unverhofftes Wiedersehen

Johann Peter Hebel

In Falun in Schweden küßte vor guten fünfzig Jahren und mehr ein junger Bergmann seine junge, hübsche Braut und sagte zu ihr: „Auf Sankt Luciä wird unsere Liebe von des Priesters Hand gesegnet. Dann sind wir Mann und Weib und bauen uns ein eigenes Nestlein." – „Und Friede und Liebe soll darin wohnen", sagte die schöne Braut mit holdem Lächeln, „denn du bist mein einziges und alles, und ohne dich möchte ich lieber im Grab sein als an einem andern Ort." Als sie aber vor Sankt Luciä der Pfarrer zum zweiten Male in der Kirche ausgerufen hatte: „So nun jemand Hindernis wüßte anzuzeigen, warum diese Personen nicht möchten ehelich zusammenkommen", da meldete sich der Tod. Denn als der Jüngling den andern Morgen in seiner schwarzen Bergmannskleidung an ihrem Haus vorbeiging, der Bergmann hat sein Totenkleid immer an, da klopfte er zwar noch einmal an ihrem Fenster und sagte ihr guten Morgen, aber keinen guten Abend mehr. Er kam nimmer aus dem Bergwerk zurück, und sie säumte vergeblich selbigen Morgen ein schwarzes Halstuch mit rotem Rand für ihn zum Hochzeitstag, sondern als er nimmer kam, legte sie es weg und weinte um ihn und vergaß ihn nie. Unterdessen wurde die Stadt Lissabon in Portugal durch ein Erdbeben zerstört, und der Siebenjährige Krieg ging vorüber, und Kaiser Franz der Erste starb, und der Jesuitenorden wurde aufgehoben und Polen geteilt, und die Kaiserin Maria Theresia starb, und der Struensee wurde hingerichtet, Amerika wurde frei, und die vereinigte französische und spanische Macht konnte Gibraltar nicht erobern. Die Türken schlossen den General Stein in der Veteraner Höhle in Ungarn ein, und der Kaiser Joseph starb auch. Der König Gustav von Schweden eroberte Russisch-Finnland, und die Französische Revolution und der lange Krieg fing an, und der Kaiser Leopold der Zweite ging auch ins Grab. Napoleon eroberte Preußen, und die

Engländer bombardierten Kopenhagen, und die Ackerleute säeten und schnitten. Der Müller mahlte, und die Schmiede hämmerten, und die Bergleute gruben nach den Metalladern in ihrer unterirdischen Werkstatt. Als aber die Bergleute in Falun im Jahr 1809 etwas vor oder nach Johannis zwischen zwei Schachten eine Öffnung durchgraben wollten, gute dreihundert Ellen tief unter dem Boden, gruben sie aus dem Schutt und Vitriolwasser den Leichnam eines Jünglings heraus, der ganz mit Eisenvitriol durchdrungen, sonst aber unverwest und unverändert war, also daß man seine Gesichtszüge und sein Alter noch völlig erkennen konnte, als wenn er erst vor einer Stunde gestorben oder ein wenig eingeschlafen wäre an der Arbeit. Als man ihn aber zu Tag ausgefördert hatte, Vater und Mutter, Gefreundte und Bekannte waren schon lange tot, kein Mensch wollte den schlafenden Jüngling kennen oder etwas von seinem Unglück wissen, bis die ehemalige Verlobte des Bergmanns kam, der eines Tages auf die Schicht gegangen war und nimmer zurückkehrte. Grau und zusammengeschrumpft kam sie an einer Krücke an den Platz und erkannte ihren Bräutigam; und mehr mit freudigem Entzücken als mit Schmerz sank sie auf die geliebte Leiche nieder, und erst als sie sich von einer langen heftigen Bewegung des Gemüts erholt hatte, „es ist mein Verlobter", sagte sie endlich, „um den ich fünfzig Jahre lang getrauert hatte und den mich Gott noch einmal sehen läßt vor meinem Ende. Acht Tage vor der Hochzeit ist er auf die Grube gegangen und nimmer gekommen." Da wurden die Gemüter aller Umstehenden von Wehmut und Tränen ergriffen, als sie sahen die ehemalige Braut jetzt in der Gestalt des hingewelkten kraftlosen Alters und den Bräutigam noch in seiner jugendlichen Schöne, und wie in ihrer Brust nach fünfzig Jahren die Flamme der jugendlichen Liebe noch einmal erwachte; aber er öffnete den Mund nimmer zum Lächeln oder die Augen zum Wiedererkennen; und wie sie ihn endlich von den Bergleuten in ihr Stübchen tragen ließ, als die einzige, die ihm angehöre und ein Recht an ihn habe, bis sein Grab gerüstet sei auf dem Kirchhof. Den andern Tag, als das Grab gerüstet war auf dem Kirchhof und ihn die Bergleute holten, schloß sie ein Kästlein auf, legte ihm das schwarzseidene Halstuch mit roten Streifen um und begleitete ihn in ihrem Sonntagsgewand, als wenn es ihr Hochzeitstag und nicht der Tag seiner Beerdigung wäre. Denn als man ihn auf dem Kirchhof ins Grab legte, sagte sie: „Schlafe nun wohl, noch einen Tag oder zehn im kühlen Hochzeitbett, und laß dir die Zeit nicht lang werden. Ich habe nur noch wenig zu tun und komme bald, und bald wird's wieder Tag. Was die Erde einmal wiedergegeben hat, wird sie zum zweiten Male auch nicht behalten", sagte sie, als sie fortging und noch einmal umschaute.

Der Elefant auf Papas Auto

David Henry Wilson

„Mama", sagte Jeremy James, „auf Papas Auto sitzt ein Elefant."
„Ja, mein Junge", sagte die Mama, die Augen auf den Händen, die Hände auf dem Teig, der Teig auf dem Tisch. „Mama, warum sitzt der Elefant auf Papas Auto?"
„Ich nehme an, er ist müde. Wahrscheinlich steht er bald wieder auf und geht weiter."
„Er sitzt immer noch da", sagte Jeremy James zwei Minuten später. „Er ist noch nicht aufgestanden. Das Auto hat sich hingesetzt, aber der Elefant ist nicht aufgestanden. Mama, meinst du, ich soll Papa Bescheid sagen?"
„Nein, laß deinen Vater in Ruhe", sagte die Mama, „du weißt, er kann es nicht leiden, wenn man ihn bei der Arbeit stört."
„Papa sieht Fußball im Fernsehen."
„Wenn Papa sagt, er arbeitet, dann arbeitet er."
„Aber ein Elefant sitzt auf seinem Auto!" sagte Jeremy James.
Mama drückte Sultaninen in den Teig, als Augen und Nasen.
„Und dem Auto gefällt das nicht", sagte Jeremy James.
„Jeremy James", sagte die Mama, „Elefanten sitzen nicht auf Autos."

„Dieser aber doch."
„Elefanten sitzen nicht auf Autos. Wenn Mama sagt, Elefanten sitzen nicht auf Autos, dann sitzen Elefanten nicht auf Autos."
„Aber . . ."
„Schluß jetzt. Spiel mit deiner Eisenbahn!"
Jeremy James setzte sich auf den Teppich und spielte mit seiner Eisenbahn und dachte an den Elefanten auf Papas Auto und daran, wie stur Mamas manchmal sein können, wenn sie wollen, und wie er, wenn er eine Mama wäre und sein Sohn sagte, ein Elefant sitzt auf Papas Auto, sagen würde „Was bist du für ein kluger Junge!" und „Danke, daß du's mir gesagt hast!" und „Hier, kauf dir ein Eis!" – anstatt bloß „Elefanten sitzen nicht auf Autos".
„Tor!" sagte das Fernsehen im Wohnzimmer.
„Tor!" sagte der schwer arbeitende Papa.
Und der Elefant saß immer noch auf Papas Auto.
„Mama", sagte Jeremy James, denn es hatte sich etwas Neues ergeben. „Mama, der Elefant hat gerade sein großes Geschäft auf Papas Auto gemacht."
Aber Mamas Gesicht zuckte bloß wie ein Elefantenohr, das eine Fliege abschüttelt, und sie sagte nichts.
„Donnerwetter! Und was für ein großes Geschäft! Mama, sieh mal, so ein großes Geschäft! Mama, warum machen Elefanten so ein großes Geschäft? Ich kann kein so großes Geschäft machen. Meins ist nicht mal ein Tausendstel! Was für ein großes Geschäft!"
„Jeremy James, wenn du nicht aufhörst, gehst du sofort ins Bett. Spiel jetzt mit deiner Eisenbahn und hör mit dem Elefanten auf und vor allem mit diesem großen Geschäft. Hast du gehört?"
„Ja, Mama."
Kein großes Geschäft! Als ob ein großes Geschäft etwas Unnatürliches oder etwas Ungesundes ist! Man brauchte nur daran zu denken, was passiert, wenn man sein großes Geschäft nicht machte. Dann hieß es: „Jeremy James, hast du dein großes Geschäft gemacht? Du hast dein großes Geschäft noch nicht gemacht? Du bleibst solange sitzen, bis du es gemacht hast." Aber wenn man sagt, ein Elefant hat sein Geschäft auf Papas Auto

gemacht, dann ist es plötzlich unanständig. Warum sind die Erwachsenen mal so und mal so?
Jeremy James spielte mit seiner Eisenbahn.
Jeremy James sah aus dem Fenster. Der Elefant war weg.
„Mama“, sagte Jeremy James.
„Was ist jetzt?“ sagte die Mutter, halb im Backofen, halb vor dem Backofen.
„Der Elefant ist weg.“
„Hm.“
Das war ein typisches Erwachsenenwort: Hm. Es war nur für Erwachsene und bedeutete, was ihnen gerade paßte. Jeremy James hatte einmal selber ein Hm versucht. Die Mama hatte gesagt „Hast du dein großes Geschäft schon gemacht?“ (da war großes Geschäft einmal nicht unanständig), und er hatte „Hm“ gemacht, weil die Erwachsenen meistens Hm zu unangenehmen Fragen machten, wie z. B. „Kaufst du mir heute etwas Schönes?“ oder „Warum kriege ich nicht auch so ein Rennauto wie Timothy?“‘. Jeremy James konnte aber offensichtlich nicht richtig Hm machen, weil die Mama nämlich sagte „Sprich ordentlich!“‘, obwohl er doch ganz deutlich „Hm“ gesagt hatte.
Papa kam aus dem Wohnzimmer, das Gesicht so lang wie ein Elefantenrüssel.
„Verloren“, sagte Papa, „ganz zum Schluß. Ein Eigentor.“
Und dann lehnte sich Papa an den Türrahmen der Küchentür, wie er es immer tat, wenn er gearbeitet hatte (manchmal auch, wenn er arbeitete), und sah Mama bei der Arbeit zu, weil er wohl aufpassen wollte, daß sie auch alles richtig machte. Jeremy James hatte auch mal versucht, sich an den Türrahmen zu lehnen und wie Papa zu sagen (das war meistens sein letzter Satz) „Dauert es noch lange, Mam?“. Aber anstelle des üblichen Hm hatte Mama „Jetzt fang du nicht auch noch an!“ gesagt und ihn zum Spielen mit der Eisenbahn fortgeschickt, die ihm sowieso längst über war.
„Dauert es noch lange?“ sagte Papa.
„Hm“, sagte Mama.
„Jetzt fang du nicht auch noch an!“ sagte Jeremy James ganz ruhig.
„Ein Eigentor“, sagte Papa, „ganz zum Schluß.“

„War das Tor ein großes Geschäft?“ fragte Jeremy James.
„Ich weiß nicht, was mit dem Kind los ist“, sagte Mama.
Papa richtete sich mit dem Ellbogen in der Tür auf, nahm eine Hand aus der Tasche („Nimm die Hände aus den Taschen, Jeremy James!“), gähnte und verkündete: „Ich glaube, ich wasch jetzt das Auto.“
Mama sagte nicht „Vor dem Tee lohnt es sich nicht mehr“, obwohl Papa ziemlich lange auf diesen Satz wartete. Schließlich ging Papa aus der Küche, durchs Wohnzimmer, in den Flur, machte die Haustür auf und ging aus dem Haus.
Jeremy James stand am Fenster und überlegte, welche neuen Ausdrücke Papa wohl gebrauchen würde.
Papa gebrauchte überhaupt keine Ausdrücke. Papas Kinnlade sackte herab, und dann kam Papa zurück ins Haus, durch die Haustür, den Flur, das Wohnzimmer, und hielt sich am Türrahmen der Küchentür fest. „Das Auto!“ sagte Papa. Dann ging sein Mund ein paarmal auf und zu, als ob man ihn gerade aus dem Wasser gezogen hätte. „Das Auto!“ sagte er noch einmal.
„Was ist mit dem Auto?“ fragte Mama und strich Handcreme auf das Brot.
„Es ist völlig hin! Es . . . es ist völlig hin! Es sieht aus, als wäre es zusammengequetscht worden. Total zusammengequetscht!“
„O John“, sagte Mama, die nur dann John zu Papa sagte, wenn sie sehr aufgeregt war oder wenn sie Geld von ihm wollte. „O John . . . ist es etwa auch . . . ist es etwa auch . . . ganz . . . voll Mist?“ „Ja“, sagte Papa, „und wie! So etwas habe ich noch nicht gesehen. Eine ganze Kuhherde muß auf dem Ding herumgetrampelt sein!“
„Es war keine Kuhherde“, sagte Jeremy James, „es war ein Elefant. Und ich habe ihn gesehen, und ich hab's Mama gesagt, aber sie hat nicht gehört.“
„Ein Elefant!“ sagte Papa. „Du hast einen Elefanten auf dem Auto gesehen?“
„Ja“, sagte Jeremy James, „und ich hab auch gesehen, wie er sein großes Geschäft gemacht hat.“
„Und warum zum . . . hat mir keiner etwas gesagt?“

„Hm“, sagte Mama, und Jeremy James spielte weiter mit seiner Eisenbahn.

Die Kirche im Sarg

Anonymus

Heutzutage stehen wir Yondertoner – ich sage das mit einem gewissen Lokalstolz – in dem Ruf, eine christliche Gemeinde zu sein. Und zwar nicht im Sinne einer erheuchelten, engstirnigen Frömmelei, sondern in einer schlichten, freundlichen, hilfsbereiten Art und Weise. So war es aber nicht immer.

Kalte Gleichgültigkeit und Interesselosigkeit, das war die Atmosphäre hier in Yonderton, als der Pfarrer H. Wright sein Amt antrat. Am ersten Sonntag predigte er in einer völlig leeren Kirche. Am zweiten Sonntag war es genauso. Und wenn der junge Pfarrer an den Werktagen seine Gemeindeglieder besuchte, um die kalte Gleichgültigkeit zu überwinden, erging es ihm nicht besser. „Die Kirche ist tot“, sagte man ihm, „tot, ohne irgendwelche Hoffnung auf Wiederbelebung.“

Aber – am Donnerstag nach jenem zweiten trostlosen Sonntag geschah's, daß eine Anzeige in der Zeitung erschien. Sie stand als erste Nachricht in der Spalte „Neues aus Yonderton“ und war in Form einer Todesanzeige gehalten. Sie lautete: „Mit dem Ausdruck tiefsten Bedauerns und mit Zustimmung seiner Gemeinde meldet H. Wright, Pfarrer zu Yonderton, den Tod der Kirche St. Francis zu Yonderton. Trauer- und Gedächtnisfeier finden am Sonntagmorgen um 11 Uhr statt. Die Bewohner Yondertons sind hiermit herzlichst eingeladen, an diesem letzten Akt ihrer Dorfkirche teilzunehmen.“

Es braucht wohl kaum erwähnt zu werden, daß sich diese Zeitungsnachricht wie eine Sensation verbreitete. Die Ansichten hierüber waren verschieden: Einige Leute meinten, es sei weiter nichts als Geschwätzigkeit des neuen Pfarrers, andere glaubten, der Pfarrer sei nicht ganz klar. Was aber auch immer geredet werden mochte, eines war sicher: Die Zeitungsanzeige hatte erreicht, was sie erreichen sollte. Am Sonntag, schon früh um 10 Uhr, erlebte Yonderton eine wahre Invasion. Um halb elf Uhr war die bis dahin verachtete und stark verschmutzte Kirche gedrängt voll.

Als ich die Kirche betrat, sah ich sogleich einen Sarg auf einer Bahre vor dem Altar stehen. Es war ein schlichter Eichensarg, nur mit einem vergoldeten Kruzifix geschmückt. Und obwohl es ein heller, sonniger Tag war, wirkte das Innere der Kirche durch die verschmutzten Fenster und durch die dunkle Kleidung der dichtgedrängten Anwesenden melancholisch und bedrückend. Im krassesten Gegensatz zu diesem düsteren Hintergrund stand der Sarg im goldenen Sonnenlicht. Da einige Dachziegel fehlten, konnten die Sonnenstrahlen mühelos durch das Netz von Spinngeweben im Dachstuhl hindurchdringen. Pünktlich um 11 Uhr bestieg der Pfarrer die Kanzel; nachdem er einige Augenblicke mit gesenktem Haupt in stillem Gebet verweilt hatte, hob er an zu sprechen:

„Meine Freunde, bevor wir mit unserer Trauerfeier beginnen, möchte ich eine Bitte äußern: Ich habe nicht die Absicht, auswärtigen Kirchgängern den Zutritt zu dieser Kirche zu wehren, aber bei dieser einen Gelegenheit bitte ich alle, die nicht in unserer Gemeinde wohnen, das Gotteshaus zu verlassen, um unseren Gemeindegliedern Platz zu gewähren.“ Einige Augenblicke herrschte tiefes Schweigen, dann erhoben sich viele der Anwesenden und verließen die Kirche.

Auch der Pfarrer ging hinaus, und wir hörten, wie er die eigenen Gemeindeglieder, die keinen Platz mehr gehabt hatten, einlud, hereinzukommen. Sie kamen in Scharen. Alle Plätze waren besetzt, und in den Gängen stand man dichtgedrängt beieinander.

„Meine Freunde“, begann der Pfarrer, „ich hoffe, dies ist das erste und letzte Mal gewesen, daß ich vor auswärtigen Kirchgängern die Türen dieser Kirche schließe; aber ich war der Meinung, das, was ich Ihnen heute zu sagen habe, sei eine private Angelegenheit, nur für unsere kleine Gemeinde bestimmt.

Wenn ich Sie nun bitte, nicht über die Sache außerhalb der Gemeinde zu reden, so habe ich nur die Absicht, keine unwürdige Schwätzerei hierüber entstehen zu lassen." Nun begann der Pfarrer in einer Art Amtston zu sprechen. „Sie haben es mir klargemacht, daß Sie ernstlich davon überzeugt sind, unsere Kirche sei tot. Sie habe auch keinerlei Hoffnung auf Wiederbelebung; ich möchte nun diese Ihre Meinung auf die letzte Probe stellen. Bitte, gehen Sie alle, einer nach dem anderen, an diesem Sarg vorüber und sehen Sie sich den Toten an; dann verlassen Sie die Kirche durch das Ostportal." Alle Augen waren auf den Sarg gerichtet. „Danach werde ich die Trauerfeier allein beschließen. Sollten aber einige unter Ihnen ihre Ansicht ändern, und wären auch noch so wenige unter Ihnen der Meinung, eine Wiederbelebung der Kirche sei vielleicht doch noch möglich, dann bitte ich diese, durch das Nordportal wieder hereinzukommen. Statt der Trauerfeier würde ich dann einen Dankgottesdienst halten."

Ein bedrückendes Schweigen folgte diesen Worten. Der Pfarrer trat an den Sarg und öffnete ihn.

Einer der letzten in der Prozession war ich, und so hatte ich Zeit genug, darüber nachzudenken: „Was ist eigentlich die Kirche, woraus besteht sie? Wer wird wohl in dem Sarg liegen? Wird es vielleicht ein Bild des gekreuzigten Heilandes sein? Aber nein, das kann nicht sein; denn auf den Tod des Herrn ist ja die Kirche gegründet. Lebt denn die Kirche überhaupt? Und wenn sie lebt, kann sie sterben?" Ähnliche Gedanken hatten vielleicht meine Nachbarn, denn ich merkte, daß uns ein Schaudern und Gruseln überkam, je mehr wir uns dem Sarg näherten. Dazu erschreckte uns ein schrilles Knarren und Quietschen, das Nordportal drehte sich in seinen verrosteten Angeln, herein trat eine kaum zu zählende Schar.

Und nun war es soweit, daß ich die tote Kirche sehen sollte. Unwillkürlich schloß ich die Augen, als ich mich über den Sarg beugte. Als ich die Augen öffnete, sah ich nicht die ganze Kirche kalt und leblos im Sarg liegen, sondern nur – eines ihrer toten Glieder: ich sah mich selbst – im Spiegel.

Meine Quellen

Axel Kühner

Mein Leben wird aus drei *Quellen* gespeist: Erde, Geist und Gott. Die Quellen fließen nicht nacheinander, sondern ineinander, aber ich kann sie nur nacheinander beschreiben. Alle *Quellen* gehören zusammen, sind untrennbar, und nur gedanklich falte ich sie auseinander.

1. Mutter Erde

„Da machte Gott, der Herr, den *Menschen aus Erde* vom Acker.“ *(1. Mose 2,7)*

„Du bist *Erde* und sollst zu *Erde* werden.“ *(1. Mose 3,19)*

Meine Vorfahren mütterlicherseits waren sämtlich Bauern, Ackerbauern und Viehzüchter. Das bäuerliche Erbe meiner Mutter, das Aufwachsen in einem Bauerndorf und auf dem Bauernhof meiner Tante haben in mir die Liebe zur Erde, zu Pflanzen und Tieren geweckt.

Die Elemente von Erde, Wasser, Luft und Feuer sind auch meine Lebenselemente. Als Kinder haben wir mit unseren Händen das Leben begriffen, indem wir säten und ernteten. Mit den Händen legten wir die Kartoffeln in die Erde, mit den Händen lasen wir sie von der Erde auf, mit den Händen brieten wir sie, auf Stöcke gespießt, über dem Feuer, aus den Händen aßen wir sie im herbstlichen Wind.

Mit allen Sinnen erfaßten wir die bäuerliche Lebenswelt und tauchten in sie ein.

Wir sahen das Korn wachsen und banden es mit den Händen.

Wir rochen das frische Heu und luden es auf die Wagen.

Wir fühlten die warmen Tiere und brachten sie auf die Weide.

Wir lauschten dem Wind und dem Gesang der Vögel.

Wir schmeckten die frische Kuhmilch und die selbstgemachte Butter.

Wir saßen auf den vollen Erntewagen und sangen Jubellieder.

Wir fütterten die Tiere und misteten ihre Ställe aus.

Wir liefen durch den Wald und beobachteten das Wild.
Wir erlebten die Geburten von Kälbern, Ferkeln und Fohlen. Wir waren dabei, wenn Tiere sich paarten, und auch, wenn sie starben. Wir erlebten im Wechsel der Jahreszeiten Saat und Ernte. Wir kosteten die Mühsal eines heißen Sommers und die Behaglichkeit in warmen Winterstuben aus.
Erde und Luft, Wasser und Wind, Bäume und Pflanzen, Felder und Wiesen, Tiere und Menschen waren unsere Freunde. Wir waren eins. Die Elemente lehrten uns die elementaren Dinge des Lebens. Die Kreatur lockte die Liebe zu allem Kreatürlichen hervor und weckte das Kreative und eine elementare, einfache Liebe zum Leben.
Ich liebe die Erde, die Felder und Wälder, die Sonne und den Regen, das Wetter und die Jahreszeiten, die Tiere und die Menschen. Ich liebe mich selbst, meinen Leib, die Hände und das Gesicht. Ich liebe den anderen, Menschen aus Erde und irdisch, für die Erde und leiblich.
Ich liebe Kinder und Lachen, junge Menschen und Lebensfreude. Ich liebe die Vielfalt und Schönheit des Menschen: flinke Hände, lebendige Augen, lächelnde Münder, sprechende Gesichter, aufmerksame Ohren, zielstrebige Füße, warme Körper, wehende Haare. Ich liebe aber auch Kranke und Behinderte, elementar Leidende, zur Erde Gebeugte, gebrochene Menschen, angstvolle Gesichter, gekränkte Herzen, verzweifelte Tränen. Alles Erde und irdisch. Sterbende, gequält oder tapfer. Alle sind aus Erde und werden zu Erde. Ich liebe mein Geschlecht und das andere Geschlecht. Ich liebe die körperliche Lust und alles Weibliche, Warme, Weiche. Alles ist Erde, elementar und kreatürlich.
Ich liebe die Arbeit mit den Händen, auf der Erde, mit Holz und Stein. Ich liebe die Bewegung, das Laufen, Er-fahren, Er-gehen, Er-wandern, Er-leben. Ich liebe den Wechsel und die Spannungen von Himmel und Erde, Land und Meer, Tag und Nacht, Arbeit und Ruhe, Höhe und Tiefe, Lachen und Weinen, Mann und Frau, Eltern und Kindern, Nähe und Ferne, Einsamkeit und Gemeinsamkeit.

Alles ist Kreatur und Element, kreatürlich und elementar, alles ist Erde. Gute Mutter Erde. Ich bin aus Erde. Und alles ist von Gott.

„Erde!
Große Meisterin
bist du mir im Unterrichten.
Besser, als Folianten lehren,
lehrst du mich, solang mein Leben!"
(Chr. Morgenstern)

„Sei gelobt, mein Herr,
durch unsere Schwester, die Mutter Erde,
die uns trägt und ernährt
und vielerlei Früchte bringt
und farbige Blumen und Gras."
(Franz von Assisi)

„Der Segen der Erde, der guten, reichen Erde, sei für dich da!
Weich sei die Erde dir, wenn du auf ihr ruhst,
müde am Ende des Tages.
Und leicht ruhe die Erde auf dir am Ende des Lebens,
daß du sie schnell abschütteln kannst,
auf und davon auf deinem Wege zu Gott."
(Alter irischer Segen)

2. Vater Geist

„Ich denke und sinne des Nachts und rede mit meinem Herzen, mein *Geist* muß forschen!" *(Psalm 77,7)*

Meine Vorfahren väterlicherseits waren sämtlich Geisteswissenschaftler, Philologen, Theologen und Juristen. Das geistige Erbe meiner Väter, das Aufwachsen in einem Haus mit Büchern und Gesprächen, der Besuch eines altehrwürdigen Domgymnasiums mit altsprachlichen und naturwissenschaftlichen Schwerpunkten haben in mir die Liebe zum Denken, zum Wissen, zur Sprache und zu Büchern geweckt.

Der Mensch ist eine wunderbare Mischung aus Erde und Geist, aus Leib und Verstand. Er ist der Erde verhaftet und ein Stück

von ihr und kann sich doch erheben und geistige Welten erobern.
Der fragwürdige Mensch, unter dessen Händen so viel Großes und Nichtiges Gestalt werden kann, in dessen Kopf so viel Weisheit und Torheit zugleich wohnen, ist vor allem darin fragwürdig, daß er die Würde hat, fragen zu können.
Tiere fragen nicht. Sie werden geboren, essen, trinken, paaren sich und sterben. Sterne fragen nicht, sie ziehen ihre Bahn, senden ihr Licht und sorgen sich nicht. Bäume fragen nicht, sie wachsen, auch wenn niemand sie beachtet, und bringen Früchte, ohne zu fragen, wer sie bekommt.
Menschen aber haben die Würde zu fragen.
Wer bin ich? – Die Frage nach der Identität.
Woher komme ich? – Die Frage nach der Geschichte.
Wohin gehe ich? – Die Frage nach der Zukunft.
Wozu lebe ich? – Die Frage nach dem Sinn.
Habe ich richtig gelebt? – Die Frage nach der Schuld.
Was will ich erreichen? – Die Frage nach dem Lebensziel.
Was kommt nach dem Tod? – Die Frage nach dem Jenseits.
Wer ist Gott? – Die Frage über mich hinaus, nach Gott.
Der Mensch darf und muß fragen, nachdenken, erkennen, durchschauen, wissen, lernen, Zusammenhänge erkennen, Linien sehen, Geschichte verstehen, Hoffnung haben, Gott erkennen, Ziele ins Auge fassen, Gedanken austauschen, Bücher lesen, Natur beobachten, Folgerungen ziehen, Glauben wagen, Leben gestalten.
Der Mensch muß forschen, überlegen, ausprobieren, Erkenntnisse sammeln und verknüpfen. Darum liebe ich Bücher, Geschichten und Geschichte, Erkenntnisse, Weisheit und Wissen. Ich liebe das Fragen und Suchen, Nachdenken und Nachvollziehen. Ich liebe die Sprache und das Gespräch, ich liebe Dichtung und Literatur, in Sprache hinein verdichtetes Leben. Ich liebe Musik und Theater, in Töne und Bewegung umgesetztes Leben.
Ich liebe die geistige Arbeit, die Mühe des Verstandes, das ehrliche Durchdenken. Viele Menschen haben den Kopf nur zum Essen oder Huttragen, aber Gott gab ihn uns zum Nach-

denken. Ein Unglück dieser Welt besteht darin, daß die Menschen, die beten, nicht denken, und daß die Menschen, die denken, nicht beten. Glaube und Denken sind niemals Gegensätze und haben sich nicht behindert, sondern ergänzt und befruchtet. Nur halbes Denken führt zum Teufel, ganzes Denken führt bis an die Tür des Glaubens.

Leben ist Empfangen. Auch unser Denken ist Empfangen von Weisheit und Erkenntnis. Wir brauchen ja nur nachzudenken, den Spuren Gottes und der Geschichte, der Schöpfung und Kultur nachzusinnen, den Worten und Weisheiten nachzuforschen, den Vorbildern nachzufolgen, in den Problemen und Schwierigkeiten nachzufragen. Unser Gehirn ist Empfangsstation von Ideen, Bildern und Intuitionen.

Aber die letzte Würde unseres Lebens ist nicht die zu fragen, sondern gefragt zu werden. Gott selbst leiht dem Menschen die Würde, als Gegenüber Gottes gefragt zu werden.

„Mensch, wo bist du?"
„Kain, was hast du getan?"
„Wo ist dein Bruder Abel?"
„Jakob, wie heißt du?"
„Elia, was machst du hier?"
„Salomo, was wünschst du dir?"
„Petrus, hast du mich lieb?"
„Saul, Saul, was verfolgst du mich?"

Die letzte Würde unseres Lebens liegt darin, daß Gott uns fragt, herausfordert, zur Rede stellt. Unser Leben ist verantwortlich. Wir können Gott antworten. Unser Leben ist nicht nur sündig im Verfehlen, sondern auch mündig im Antworten und tätig im Nachfolgen.

Unser Denken braucht Haftpunkte, die es an das Gute binden, Ziele, die es ausrichten, Maße,die es korrigieren, Motive, die es in Gang bringen, Inhalte, die es sinnvoll machen. Sonst können Geist und Verstand, Denken und Fragen nur Zerstörung und Verzweiflung anrichten. Nicht das Denken an sich ist schon das Leben, aber das Nachdenken über das richtige Leben kann zum Gültigen führen.

Wahrheiten und Rosen haben eines gemeinsam: man kann sich an ihren Blüten berauschen und an ihren Dornen verletzen. Darum braucht unser Denken ein Geländer, unser Verstand einen Beistand, die Liebe. An die Liebe gebunden, kann Denken und Wissen uns erheben und emportragen ins Leben.
„Wenn ich mit Menschen- und mit Engelzungen redete und hätte der Liebe nicht, so wäre ich ein tönend Erz oder eine klingende Schelle. Und wenn ich weissagen könnte und wüßte alle Geheimnisse und alle Erkenntnisse und hätte allen Glauben, so daß ich Berge versetzte, und hätte der Liebe nicht, so wäre ich nichts!" *(1. Korinther 13, 1–2)*

3. Großer Gott

„Denn bei dir ist die Quelle des Lebens, und in deinem Licht sehen wir das Licht." *(Psalm 36, 10)*

„Wir wissen, daß wir von Gott sind . . ." *(1. Johannes 5, 19)*

Die wichtigste Quelle meines Lebens ist Gott. Erde und Geist sind von ihm. Raum und Zeit, Leib und Leben, Kräfte und Jahre, Menschen und Tiere, alles ist von Gott.

„Was nah ist und was ferne,
von Gott kommt alles her,
der Strohhalm und die Sterne,
das Sandkorn und das Meer."
(Matthias Claudius)

Alles Natürliche kommt von Gott, ist auf ihn hin angelegt und nur in der Beziehung zu Gott sinnvoll und lebendig. Gelöst aus der Verbindung zu Gott wird alles gebrochen, gemindert, verkehrt und verrückt.
Darum bedarf alles Natürliche der Heiligung und Heilung von Gott, weil es durch menschliche Sünde verletzt und zerbrochen ist. Die Schöpfung bedarf des Schöpfers. Ohne ihn ist sie gefährdet. Die natürliche Geburt bedarf einer geistlichen Geburt. Schon die Geburt aus einer Mutter zum Menschenkind ist ein

Wunder und Geheimnis. Wieviel mehr eine neue Geburt aus Gottes Liebe zum Gotteskind!
Die Wiedergeburt zu einem neuen Leben, die Erfahrung des lebendigen Glaubens an Jesus, die frohe Gewißheit, ein Gotteskind zu sein, haben mein Leben am nachhaltigsten geprägt und verändert.
Die Liebe Jesu in der Gestalt der Vergebung und Hoffnung, die Macht Jesu in die Demut gekleidet, die Wahrheit Jesu an die Liebe gebunden, haben mein Leben gewonnen und tief beeindruckt.
Alles Irdische und Leibliche, alles Geistige und Lebendige empfängt seine letzte Erfüllung im Geist und Leben Jesu, in seiner Liebe, seinem Leiden und Auferstehen, Herrschen und Dienen.
Unter seiner Fürsorge und Bewahrung kann sich mein Leben ganz entfalten. In Jesus finde ich mich und den anderen, das Leben und Überleben, die Liebe und Wahrheit, die Freiheit und Ordnung, Gott und die Welt.
Zwischen trotziger Selbstbehauptung – „Ich bin ich!" – und resignierter Selbstauflösung – „Ich bin nichts!" – gibt es einen wunderbaren dritten Weg der Lebenserfüllung: „Ich bin dein!" Mein ganzes Leben, meine ganze Liebe, alle Kräfte, Jahre, Gaben, Mittel, Erkenntnisse, Leib und Seele gehören Jesus und seinen Plänen. Für ihn ist das Beste und Äußerste gerade richtig. Und wo es weniger ist, gleicht seine Liebe allen Mangel aus.
Was ich durch Jesus leben und leisten, lieben und leiden kann, ist alles seine Gnade. Und was ich in meiner Schwachheit nicht leben und leisten, lieben und leiden kann, macht seine Gnade wett und gut.
Ich gehöre nicht mehr mir selbst oder anderen. In der kindlichen Abhängigkeit von Jesus werde ich königlich unabhängig von allen anderen Mächten, Meinungen und Menschen.
So kann mein Leib und Leben, mein Denken und Fühlen, aus Erde und Geist geschaffen, in Gott ruhen und zur Erfüllung kommen. Denn alles Irdische bedarf des Göttlichen, alles Zeitliche des Ewigen, alles Natürliche des Geistlichen. Jeder Mensch aus Erde braucht die lebendige, persönliche Beziehung zu Gott

und seinen Lebenskräften. Nur so wird der Adam, der Erdmann ein Ebenbild und Gegenüber Gottes, ein Freund und Jünger Jesu.
Auch Geist und Wissen bedürfen des Gewissens, des Mitwissens einer göttlichen Instanz. Jedes Wissen ohne Gewissen macht kalt und egoistisch. Jedes Wissen ohne die Gewißheit des Heiles macht überheblich und darin wieder dumm und töricht. Wissen, Gewissen, Gewißheit sind die Stufen, über die denkende Menschen zu Betenden und betende Menschen zu Denkenden werden. Da sind auch Wissen und Verstand von Gott gebrauchte und gefüllte Gaben, die dem Leben dienen.
„Gelobt sei Gott, der Vater unseres Herrn Jesus Christus, der uns gesegnet hat mit allerlei geistlichem Segen in himmlischen Gütern durch Christus.“ *(Epheser 1,3)*

Es ist in keinem andern Heil

Henry Gerecke

Im November 1945 wird der amerikanische Geistliche Henry T. Gerecke Seelsorger für die als Kriegsverbrecher angeklagten Deutschen. Hier sein eindrücklicher Bericht:

Als ich den Nazi-Führern in ihren Zellen vorgestellt wurde, fragte ich mich selber: „Wie muß ich diese Menschen begrüßen, die so unnennbar viel Leid über die Welt gebracht haben und die die Ursache sind vom Verlust von Millionen von Leben?“ Auch meine eigenen zwei Söhne waren Opfer dieser Missetäter geworden. Wie sollte ich diese Männer begleiten und die Saat von Gottes Wort in ihre Herzen legen, ohne selber das Wachstum zu verhindern?
Zuerst wurde ich in Görings Zelle gebracht. Der gefangene frühere Herrscher nahm sofort Haltung an, schlug die Absätze aneinander und bot mir die Hand; dann machte ich allen andern

einen kurzen Besuch. Dies fand statt am 20. November, gerade bevor die Sitzungen begannen. Die Nacht habe ich im Gebet zugebracht und Gott gebeten, mir eine Botschaft für sie zu geben. Von diesem Augenblick an gab Gott mir Gnade nach dem Vorbilde Jesu, die Sünde zu hassen, aber den Sünder zu lieben. Diese Menschen sollten etwas hören vom Heiland, der auch für sie am Kreuze litt und starb.

Es waren 21 Angeklagte. Sechs davon wählten die römisch-katholische Kirche als geistliche Stütze, fünfzehn zogen den Beistand von protestantischer Seite vor. Streicher, Jodl, Heß und Rosenberg besuchten nie einen Gottesdienst, obschon sie vorgaben, an einen Gott zu glauben.

Eine Doppelzelle im zweiten Stock wurde zu einer kleinen Kapelle eingerichtet, wo die Gottesdienste gehalten werden konnten. Ein früherer Oberstleutnant der SS war unser Organist, sowohl bei den katholischen als auch bei den protestantischen Zusammenkünften. Am Ende meines Aufenthalts fand er Christus und nahm am Abendmahl teil. Das einfache Evangelium vom Kreuz hatte sein Herz umgewandelt.

Sauckel war der erste, der sein Herz dem Evangelium öffnete. Er war Vater von zehn Kindern und hatte eine gläubige Frau. Nach einigen Besuchen knieten wir bei seinem Bett, und er sprach das Gebet des Zöllners: „O Gott, sei mir Sünder gnädig!" - Ich weiß, daß er es so meinte.

Dann baten Fritzsche, von Schirach und Speer um Zulassung zum Abendmahl. Rührung ergriff mich, als ich die drei Männer vor mir knien sah, um Brot und Wein zu empfangen. Gott hat durch sein Wort und seinen Geist mächtig an ihren Herzen gewirkt, und als reuige Sünder durften sie die Vergebung um Christi willen annehmen.

Raeder, das Haupt der deutschen Seemacht, war ein eifriger Bibelforscher, der stets mit für ihn unklaren Bibelstellen zu mir kam, und auch er nahm bald mit uns am Abendmahl teil.

Keitel, der Chef des Wehrmachtsstabes, bat mich, seinen Dank denen zu überbringen, die daran gedacht hatten, ihnen als Missetätern geistliche Hilfe zukommen zu lassen. Unter Tränen sagte

er: „Sie haben mir mehr geholfen, als Sie vermuten können. Möge Christus mir beistehen!“
Bei Ribbentrop fand ich zuerst keinen Zugang; aber später fing auch er an, die Bibel zu lesen.
Dann folgte die Verkündigung der Urteile. Göring, von Ribbentrop, Keitel, Kaltenbrunner, Rosenberg, Frank, Frick, Streicher, Sauckel und Seyß-Inquart wurden zum Strang verurteilt. Heß, Funk und Raeder erhielten lebenslängliches Gefängnis, von Schirach und Speer 20 Jahre, von Neurath 15 und Dönitz 10 Jahre. Von Papen, Schacht und Fritzsche wurden freigesprochen. In den Annalen des Gerichts steht dieser Tag verzeichnet als „das Jüngste Gericht“.
Den größten Teil der noch verbliebenen Zeit brachten wir nun in den „Totenkammern“ zu.
Als eine Gunst der „großen Vier“ durften die Verurteilten noch einmal mit ihren Frauen sprechen. Es waren schwere Augenblicke für uns alle.
Ich hörte, wie von Ribbentrop seine Frau versprechen ließ, die Kinder in der Furcht des Herrn zu erziehen. Sauckels Gattin mußte ebenfalls das Gelübde ablegen, ihren zahlreichen Nachwuchs nahe beim Kreuz groß werden zu lassen.
Göring fragte, was sein Töchterchen Edda über Vaters Verurteilung gesagt habe, und mußte hören, daß das Kind hoffe, seinen Papa im Himmel wiederzusehen. Er selber war in diesem Augenblick gerührt, und zum ersten Mal sah ich bei ihm Tränen. Er erzählte mir später, daß er schon gestorben sei, als die Tür seiner Zelle sich hinter seiner Frau geschlossen habe.
Tag und Nacht blieben wir nun bei denen, deren Seelen uns Gott anvertraut hatte. Bei einigen wiederholten wir unseren Besuch vier- oder fünfmal am Tag. Von Ribbentrop las während des größten Teils des Tages in seiner Bibel. Keitel wurde am meisten von den Stellen bewegt, die von der erlösenden Kraft des Blutes Christi sprachen. Sauckel war sehr erschüttert, und manchmal meinte er, daß er vor der Vollstreckung des Urteils erliegen würde. Stets betete er in seiner Zelle laut sein Lieblingsgebet: „O Gott, sei mir Sünder gnädig.“ Diese drei feierten zum

letzten Mal in ihrer Zelle das Abendmahl. Gott hat ihre Herzen verändert, und jetzt, angesichts des Todes, beim Verlust aller materiellen Dinge und auch ihres unwürdigen Lebens, durften sie die Verheißung Gottes für einen armen Sünder erfassen und möchte Jesus auch ihre mit Sünden beladenen Seelen angenommen haben.
Am Abend vor der Hinrichtung hatte ich eine lange Unterhaltung mit Göring. Ich wies ihn auf die Notwendigkeit hin, sich bereit zu machen, Gott zu begegnen. Im Laufe unseres Gesprächs machte er aber verschiedene Bibelwahrheiten lächerlich und weigerte sich anzunehmen, daß Christus für Sünder starb. Es war eine bewußte Leugnung der Kraft des Blutes. „Tot ist tot", waren ungefähr seine letzten Worte. Als ich ihn zum Schluß auf sein kleines Mädchen hinwies, das ihn im Himmel wiederzusehen hoffte, antwortete er: „Es glaubt auf seine Art, ich auf die meine." Eine Stunde später hörte ich viele aufgeregte Stimmen, und dann vernahm ich, daß Göring sich das Leben genommen hatte. Sein Herz schlug noch, als ich in seine Zelle kam, aber auf eine Frage, die ich an ihn richtete, erhielt ich keine Antwort mehr. Eine kleine leere Ampulle lag auf seiner Brust. So ging er hinüber in die Ewigkeit.
Und dann brach die letzte Stunde für die neun anderen an. Nun, da Göring nicht mehr war, mußte von Ribbentrop als erster den Gang zum Galgen machen. Bevor er die Zelle verließ, äußerte er sich, daß er all sein Vertrauen auf das Blut des Lammes setze, das die Sünde der Welt wegnimmt, und bat Gott, seiner Seele gnädig zu sein. Dann kam der Befehl, in den Hinrichtungsraum zu gehen. Seine Hände waren gefesselt. Er stieg die 13 Tritte, die zum Platz der Hinrichtung führten, hinauf, und mußte dann seinen Namen angeben. Hierauf bekam ich Gelegenheit, ein letztes Gebet zu sprechen, und . . . er war nicht mehr.
Auch Keitel ging, auf Gottes vergebende Gnade trauend, hinüber in die Ewigkeit. Dann wurde Sauckel hereingeführt, der mit einem letzten Gebet sein sündiges Leben mit der Ewigkeit vertauschte.
Frick versicherte mir kurz vor dem Tode, daß er auch an das

reinigende Blut glaube und daß er während unserer einfachen Gottesdienste Jesus Christus persönlich begegnet sei.
Der letzte unserer Gruppe war Rosenberg, der stets allen geistlichen Beistand verweigert hatte. Auf meine Bitte, für ihn beten zu dürfen, sagte er lächelnd: „Nein danke." Er lebte ohne Retter und starb auch ohne Retter - trauriges Los.
Ich will noch Streichers Ende berichten. Zuerst weigerte er sich, seinen Namen zu nennen, und als der Augenblick seiner Hinrichtung da war, nannte er den Namen seiner Frau und ging darauf mit einem „Heil Hitler" in die Ewigkeit hinüber.
Es war nun drei Uhr morgens, und wir beendigten unsere Arbeit mit einigen Stunden Gebet und Danksagung und einer erneuten Hingabe an den Herrn und seinen Dienst.

So wie das letzte Grün in Farbentiegeln
sind diese Blätter, trocken, stumpf und rauh,
hinter den Blütendolden, die ein Blau
nicht auf sich tragen, nur von ferne spiegeln.

Sie spiegeln es verweint und ungenau,
als wollten sie es wiederum verlieren,
und wie in alten blauen Briefpapieren
ist Gelb in ihnen, Violett und Grau;

Verwaschnes wie an einer Kinderschürze,
Nichtmehrgetragnes, dem nichts
mehr geschieht:
wie fühlt man eines kleinen Lebens Kürze.

Doch plötzlich scheint das Blau
sich zu verneuen
in einer von den Dolden, und man sieht
ein rührendes Blaues sich vor Grünem freuen.

Rainer Maria Rilke

****

Die Nacht im Hotel

Siegfried Lenz

Der Nachtportier strich mit seinen abgebissenen Fingerkuppen über eine Kladde, hob bedauernd die Schultern und drehte seinen Körper zur linken Seite, wobei sich der Stoff seiner Uniform gefährlich unter dem Arm spannte.
„Das ist die einzige Möglichkeit", sagte er. „Zu so später Stunde werden Sie nirgendwo ein Einzelzimmer bekommen. Es steht Ihnen natürlich frei, in anderen Hotels nachzufragen. Aber ich kann Ihnen schon jetzt sagen, daß wir, wenn Sie ergebnislos zurückkommen, nicht mehr in der Lage sein werden, Ihnen zu dienen. Denn das freie Bett in dem Doppelzimmer, das Sie - ich weiß nicht, aus welchen Gründen - nicht nehmen wollen, wird dann auch einen Müden gefunden haben."
„Gut", sagte Schwamm, „ich werde das Bett nehmen. Nur, wie Sie vielleicht verstehen werden, möchte ich wissen, mit wem ich das Zimmer zu teilen habe; nicht aus Vorsicht, gewiß nicht, denn ich habe nichts zu fürchten. Ist mein Partner - Leute, mit denen man eine Nacht verbringt, könnte man doch fast Partner nennen - schon da?"
„Ja, er ist da und schläft."
„Er schläft", wiederholte Schwamm, ließ sich die Anmeldeformulare geben, füllte sie aus und reichte sie dem Nachtportier zurück; dann ging er hinauf.
Unwillkürlich verlangsamte Schwamm, als er die Zimmertür mit der ihm genannten Zahl erblickte, seine Schritte, hielt den Atem an, in der Hoffnung, Geräusche, die der Fremde verursachen könnte, zu hören, und beugte sich dann zum Schlüsselloch hinab. Das Zimmer war dunkel. In diesem Augenblick hörte er jemanden die Treppe heraufkommen, und jetzt mußte er handeln. Er konnte fortgehen, selbstverständlich, und so tun, als ob er sich im Korridor geirrt habe. Eine andere Möglichkeit be-

stand darin, in das Zimmer zu treten, in welches er rechtmäßig eingewiesen worden war und in dessen einem Bett bereits ein Mann schlief.
Schwamm drückte die Klinke herab. Er schloß die Tür wieder und tastete mit flacher Hand nach dem Lichtschalter. Da hielt er plötzlich inne: neben ihm – und er schloß sofort, daß da die Betten stehen müßten – sagte jemand mit einer dunklen, aber auch energischen Stimme:
„Halt! Bitte machen Sie kein Licht. Sie würden mir einen Gefallen tun, wenn Sie das Zimmer dunkel ließen."
„Haben Sie auf mich gewartet?" fragte Schwamm erschrocken; doch er erhielt keine Antwort. Statt dessen sagte der Fremde:
„Stolpern Sie nicht über meine Krücken, und seien Sie vorsichtig, daß Sie nicht über meinen Koffer fallen, der ungefähr in der Mitte des Zimmers steht. Ich werde Sie sicher zu Ihrem Bett dirigieren: Gehen Sie drei Schritte an der Wand entlang, und dann wenden Sie sich nach links, und wenn Sie wiederum drei Schritte getan haben, werden Sie den Bettpfosten berühren können."
Schwamm gehorchte: er erreichte sein Bett, entkleidete sich und schlüpfte unter die Decke. Er hörte die Atemzüge des anderen und spürte, daß er vorerst nicht würde einschlafen können.
„Übrigens", sagte er zögernd nach einer Weile, „mein Name ist Schwamm."
„So", sagte der andere.
„Ja."
„Sind Sie zu einem Kongreß hierhergekommen?"
„Nein. Und Sie?"
„Nein."
„Geschäftlich?"
„Nein, das kann man nicht sagen."
„Wahrscheinlich habe ich den merkwürdigsten Grund, den je ein Mensch hatte, um in die Stadt zu fahren", sagte Schwamm.
Auf dem nahen Bahnhof rangierte ein Zug. Die Erde zitterte, und die Betten, in denen die Männer lagen, vibrierten.
„Wollen Sie in der Stadt Selbstmord begehen?" fragte der andere.
„Nein", sagte Schwamm, „sehe ich so aus?"

„Ich weiß nicht, wie Sie aussehen", sagte der andere, „es ist dunkel."
Schwamm erklärte mit banger Fröhlichkeit in der Stimme: „Gott bewahre, nein. Ich habe einen Sohn, Herr ... (der andere nannte nicht seinen Namen), einen kleinen Lausejungen, und seinetwegen bin ich hierhergefahren."
„Ist er im Krankenhaus?"
„Wieso denn? Er ist gesund, ein wenig bleich zwar, das mag sein, aber sonst sehr gesund. Ich wollte Ihnen sagen, warum ich hier bin, hier bei Ihnen in diesem Zimmer. Wie ich schon sagte, hängt das mit meinem Jungen zusammen. Er ist äußerst sensibel, mimosenhaft, er reagiert bereits, wenn ein Schatten auf ihn fällt."
„Also ist er doch im Krankenhaus."
„Nein", rief Schwamm, „ich sagte schon, daß er gesund ist, in jeder Hinsicht. Aber er ist gefährdet, dieser kleine Bengel hat eine Glasseele, und darum ist er bedroht."
„Warum begeht er nicht Selbstmord?" fragte der andere.
„Aber hören Sie, ein Kind wie er, ungereift, in solch einem Alter! Warum sagen Sie das? Nein, mein Junge ist aus folgendem Grund gefährdet: Jeden Morgen, wenn er zur Schule geht – er geht übrigens immer allein dorthin – jeden Morgen muß er vor einer Schranke stehen bleiben und warten, bis der Frühzug vorbei ist. Er steht dann da, der kleine Kerl, und winkt, winkt heftig und freundlich und verzweifelt."
„Ja und?"
„Dann", sagte Schwamm, „dann geht er in die Schule, und wenn er nach Hause kommt, ist er verstört und benommen, und manchmal heult er auch. Er ist nicht imstande, seine Schularbeiten zu machen, er mag nicht spielen und nicht sprechen: das geht nun schon seit Monaten so, jeden lieben Tag. Der Junge geht mir kaputt dabei!"
„Was veranlaßt ihn denn zu solchem Verhalten?"
„Sehen Sie", sagte Schwamm, „das ist merkwürdig: Der Junge winkt, und – wie er traurig sieht – es winkt ihm keiner der Reisenden zurück. Und das nimmt er sich so zu Herzen, daß wir

– meine Frau und ich – die größten Befürchtungen haben. Er winkt, und keiner winkt zurück; man kann die Reisenden natürlich nicht dazu zwingen, und es wäre absurd und lächerlich, eine diesbezügliche Vorschrift zu erlassen, aber . . .“
„Und Sie, Herr Schwamm, wollen nun das Elend Ihres Jungen aufsaugen, indem Sie morgen den Frühzug nehmen, um dem Kleinen zu winken?“
„Ja“, sagte Schwamm, „ja.“
„Mich“, sagte der Fremde, „gehen Kinder nichts an. Ich hasse sie und weiche ihnen aus, denn ihretwegen habe ich – wenn man's genau nimmt – meine Frau verloren. Sie starb bei der ersten Geburt.“
„Das tut mir leid“, sagte Schwamm und stützte sich im Bett auf. Eine angenehme Wärme floß durch seinen Körper; er spürte, daß er jetzt würde einschlafen können.
Der andere fragte: „Sie fahren nach Kurzbach, nicht wahr?“
„Ja.“
„Und Ihnen kommen keine Bedenken bei Ihrem Vorhaben? Offener gesagt: Sie schämen sich nicht, Ihren Jungen zu betrügen? Denn, was Sie vorhaben, Sie müssen es zugeben, ist doch ein glatter Betrug, eine Hintergehung.“
Schwamm sagte aufgebracht: „Was erlauben Sie sich, ich bitte Sie, wie kommen Sie dazu!“ Er ließ sich fallen, zog die Decke über den Kopf, lag eine Weile überlegend da und schlief ein.
Als er am nächsten Morgen erwachte, stellte er fest, daß er allein im Zimmer war. Er blickte auf die Uhr und erschrak: bis zum Morgenzug blieben ihm noch fünf Minuten, es war ausgeschlossen, daß er ihn noch erreichte.
Am Nachmittag – er konnte es sich nicht leisten, noch eine Nacht in der Stadt zu bleiben – kam er niedergeschlagen und enttäuscht zu Hause an.
Sein Junge öffnete ihm die Tür, glücklich, außer sich vor Freude. Er warf sich ihm entgegen und hämmerte mit den Fäusten gegen seine Schenkel und rief:
„Einer hat gewinkt, einer hat ganz lange gewinkt.“
„Mit einer Krücke?“ fragte Schwamm.

„Ja, mit einem Stock. Und zuletzt hat er sein Taschentuch an den Stock gebunden und es so lange aus dem Fenster gehalten, bis ich es nicht mehr sehen konnte."

Der geheilte Patient

Johann Peter Hebel

Reiche Leute haben trotz ihrer gelben Vögel doch manchmal auch allerlei Lasten und Krankheiten auszustehen, von denen gottlob! der arme Mann nichts weiß; denn es gibt Krankheiten, die nicht in der Luft stecken, sondern in den vollen Schüsseln und Gläsern und in den weichen Sesseln und seidenen Betten, wie jener reiche Amsterdamer ein Wort davon reden kann. Den ganzen Vormittag saß er im Lehnsessel und rauchte Tabak, wenn er nicht zu faul war, oder hatte Maulaffen feil zum Fenster hinaus, aß aber zu Mittag doch wie ein Drescher, und die Nachbarn sagten manchmal: „Windet's draußen oder schnauft der Nachbar so?" – Den ganzen Nachmittag aß und trank er ebenfalls, bald etwas Kaltes, bald etwas Warmes, ohne Hunger und ohne Appetit, aus lauter Langeweile, bis an den Abend, also daß man bei ihm nie recht sagen konnte, wo das Mittagessen aufhörte und wo das Nachtessen anfing. Nach dem Nachtessen legte er sich ins Bett und war so müd, als wenn er den ganzen Tag Steine abgeladen oder Holz gespalten hätte. Davon bekam er zuletzt einen dicken Leib, der so unbeholfen war wie ein Maltersack. Essen und Schlaf wollte ihm nimmer schmecken, und er war lange Zeit, wie es manchmal geht, nicht recht gesund und nicht recht krank; wenn man aber ihn selber hörte, so hatte er dreihundertfünfundsechzig Krankheiten, nämlich alle Tage eine andere. Alle Ärzte, die in Amsterdam sind, mußten ihm raten. Er verschluckte ganze Feuereimer voll Mixturen und ganze Schaufeln voll Pulver, und Pillen wie Enteneier so groß, und man nannte ihn zuletzt scherzweise nur die zweibeinige

Apotheke. Aber alles Doktern half ihm nichts, denn er folgte nicht, was ihm die Ärzte befahlen, sondern sagte: „Fouder, wofür bin ich ein reicher Mann, wenn ich soll leben wie ein Hund, und der Doktor will mich nicht gesund machen für mein Geld?" Endlich hörte er von einem Arzt, der hundert Stund weit weg wohnte, der sei so geschickt, daß die Kranken gesund werden, wenn er sie nur recht anschaue, und der Tod gehe ihm aus dem Weg, wenn er sich sehen lasse. Zu dem Arzt faßte der Mann ein Zutrauen und schrieb ihm seinen Umstand. Der Arzt merkte bald, was ihm fehle, nämlich nicht Arznei, sondern Mäßigkeit und Bewegung, und sagte: „Wart, dich will ich bald kuriert haben." Deswegen schrieb er ihm ein Brieflein folgenden Inhalts: „Guter Freund, Ihr habt einen schlimmen Umstand; doch wird Euch zu helfen sein, wenn Ihr folgen wollt. Ihr habt ein bös Tier im Bauch, einen Lindwurm mit sieben Mäulern. Mit dem Lindwurm muß ich selber reden, und Ihr müßt zu mir kommen. Aber fürs erste, so dürft Ihr nicht fahren oder auf dem Rößlein reiten, sondern auf des Schumachers Rappen, sonst schüttelt Ihr den Lindwurm, und er beißt Euch die Eingeweide ab, sieben Därme auf einmal ganz entzwei. Fürs andere dürft Ihr nicht mehr essen als zweimal des Tages einen Teller voll Gemüs, mittags ein Bratwürstlein dazu und nachts ein Ei und am Morgen ein Fleischsüpplein mit Schnittlauch drauf. Was Ihr mehr esset, davon wird nur der Lindwurm größer, also daß er Euch die Leber verdruckt, und der Schneider hat Euch nimmer viel anzumessen, aber der Schreiner. Dies ist mein Rat, und wenn Ihr mir nicht folgt, so hört Ihr im andern Frühjahr den Kuckuck nimmer schreien. Tut, was Ihr wollt!" Als der Patient so mit ihm reden hörte, ließ er sich sogleich den andern Morgen die Stiefel salben und machte sich auf den Weg, wie ihm der Doktor befohlen hatte. Den ersten Tag ging er so langsam, daß perfekt eine Schnecke hätte können sein Vorreiter sein, und wer ihn grüßte, dem dankte er nicht, und wo ein Würmlein auf der Erde kroch, das zertrat er. Aber schon am zweiten und am dritten Morgen kam es ihm vor, als wenn die Vögel schon lange nimmer so lieblich gesungen hätten wie heut, und der Tau schien ihm so frisch und die Kornrosen im Feld so rot, und alle Leute, die ihm begegneten, sahen so freundlich aus, und er auch; und alle Morgen, wenn er aus der Herberge ausging, war's schöner, und er ging leichter und munterer dahin, und als er am achtzehnten Tage in der Stadt des Arztes ankam und den andern Morgen aufstand, war es ihm so wohl, daß er sagte: „Ich hätte zu keiner ungeschicktern Zeit können gesund werden als jetzt, wo ich zum Doktor soll. Wenn's mir doch nur ein wenig in den Ohren brauste, oder das Herzwasser lief mir." Als er zum Doktor kam, nahm ihn der Doktor bei der Hand und sagte ihm: „Jetzt erzählt mir denn noch einmal von Grund aus, was Euch fehlt." Da sagte er: „Herr Doktor, mir fehlt gottlob nichts, und wenn Ihr so gesund seid wie ich, so soll's mich freuen." Der Doktor sagte: „Das hat Euch ein guter Geist geraten, daß Ihr meinem Rat gefolgt habt. Der Lindwurm ist jetzt abgestanden. Aber Ihr habt noch Eier im Leib. Deswegen müßt Ihr wieder zu Fuß heimgehen und daheim fleißig Holz sägen, das niemand sieht, und nicht mehr essen, als Euch der Hunger ermahnt, damit die Eier nicht ausschlupfen, so könnt Ihr ein alter Mann werden", und lächelte dazu. Aber der reiche Fremdling sagt: „Herr Doktor, Ihr seid ein feiner Kauz, und ich versteh Euch wohl", und hat nachher dem Rat gefolgt und siebenundachtzig Jahre, vier Monate, zehn Tage gelebt, wie ein Fisch im Wasser so gesund, und hat alle Neujahr dem Arzt zwanzig Dublonen zum Gruß geschickt.

Fahr mit Gott, Lutka

Stefan Andres

Die nachstehende Geschichte spielte sich vor vielen Jahren auf dem Bahnsteig der polnischen Grenzstation Mlawa ab.
Der D-Zug nach Danzig verließ soeben den Bahnhof. In dem Warschauer Zug, der abfahrtbereit auf der anderen Seite des Bahnsteiges stand, öffnete ein etwa siebzehnjähriges Mädchen hastig das Fenster des Damenabteils, beugte ihre schmale Gestalt weit hinaus und winkte mit dem Taschentuch einem alten Herrn zu, der im Danziger Zug davonfuhr. Auch er beugte sich weit aus dem Fenster und rief mit einer Stimme, die gegen das Weinen ankämpfte: „Fahr mit Gott, Lutka!" Das Mädchen fand in der Aufregung des Abschieds kein Wort, sie schrie ein paarmal „Vater", vogelhaft und ekstatisch, und warf dem fortfahrenden Zug Kußhände nach, verstummte aber plötzlich, zog sich mit einem Ruck vom Fenster zurück und riß die Gardinen vor.
Zwei junge russische Offiziere, die unter den schwarzen Schnurrbärten ein zähneglitzerndes Lachen zeigten, blickten zu ihr hinüber. Durch den Schlitz der Gardine sah sie, wie die beiden die Köpfe zusammensteckten, den Bahnhofsvorsteher heranwinkten und auf ihn einsprachen. Einer der Offiziere zeigte mit dem Daumen verstohlen zu ihr hinüber. Der Bahnhofsvorsteher nickte und ging davon. Auch die Offiziere entfernten sich. Lutka zog ihre kleine, an einer goldenen Kette im Gürtel steckende Uhr heraus: noch fünf Minuten, und der Zug mußte abfahren.
Sie war in ihren Träumen schon in Warschau, in der Wohnung ihrer Tante, als der Bahnhofsvorsteher in das Abteil trat und ihr mit devotem Lächeln andeutete, daß sie auszusteigen habe, ihr Gepäck müsse noch einmal kontrolliert werden. Aber der Zug fahre doch in einigen Minuten ab, erklärte sie dem Mann voller Angst. Doch der griff einfach nach ihrem Koffer und trug ihn fort. Während der Zöllner noch einmal mit wichtiger Miene

und zugleich mit einem heimlichen Grinsen ihre Sachen durchwühlte, fuhr der Warschauer Zug aus der Station.
Traurig kehrte Lutka auf den Bahnsteig zurück und ließ sich auf ihrem Koffer nieder. Sie dachte an den Vater, und gleich wurde sie ruhiger. Er hatte ihr vier Rubel beim Abschied gegeben. Vielleicht, daß sie damit irgendwo übernachten könnte. Aber kaum hatte ihr Blick die Gebäude der Station und die Dächer von Mlawa zögernd berührt, als ihr klar wurde, daß sie hier auf der Station den nächsten Zug, der gegen Morgen fuhr, abwarten müsse. Denn in diesen Lehmhütten konnten nur die Leute aus Mlawa wohnen und Hühner und Schweine und Schmutz und Elend und Wanzen. Lutka schüttelte sich. In diesem Augenblick sah sie in glänzenden Stiefelchen die Offiziere über den zerlöcherten Bahnsteig kommen. Ja, es waren dieselben, sie erkannte sie auf den ersten Blick. Sie waren zum Fürchten schön, bewegten sich wie Katzen und hatten einen glühenden Teufel in den dunklen Augen. Lutka hörte, wie die beiden abwechselnd ihr Mißgeschick bedauerten und ihr jede Art von Hilfe anboten. Sie wußte nichts zu entgegnen, sie nickte nur und lächelte.
Die Offiziere führten sie in den Wartesaal. Mit einer Handbewegung fegten sie alle Leute zur Tür hinaus und riefen den Wirt heran. Bald lag über dem schmutzigen Tisch ein fast weißes Tuch gebreitet, und der Wirt brachte eine Flasche mit drei Gläsern. Lutka wußte, daß dies Sekt war; aber da der Vater ihr geistige Getränke nie angeboten hatte, war ihr der Geschmack des Sektes neu und vor allem seine Wirkung. Sie merkte gar nicht, wie ihre Traurigkeit und ihre Angst sie verlassen hatten. Sie war auch nicht mehr so ungelenk im Antworten, und statt immer die Augen niederzuschlagen, schaute sie die Offiziere an. Sie trugen rote Pekeschen, die goldene Verschnürungen hatten. Lutka erzählte von zu Hause und ihrem Vater, dem die Polen ihren Weizen verkauften. Und sie erzählte von den polnischen Fährknechten, die immer einen Hering im rechten Hosensack stecken hätten und im linken die Schnapsflasche und am Hals die Geige.
„Ach ja, Geigen!“ riefen die Offiziere und ließen Musik machen.

Und der Wirt brachte eine neue Flasche. Lutka fühlte sich von der Erde angehoben. Es war ihr, als tanzte sie, ohne die Beine zu rühren. Ihre Worte tanzten, ihre Gedanken. Aber da blickte sie schnell herab, die Hand des einen Offiziers, der zu ihrer Linken saß, kam unter ihrem rechte Arm hervor. Sie dachte nur: Was ist denn das? Ich schwebte doch, ich war doch glücklich? Warum tun sie das? Sie spürte, wie ihr das Blut, das so fröhlich pulste, schwerflüssig und kalt durch die Adern rann, ja, sie hatte Angst und wußte plötzlich, daß man sie in eine Falle gelockt hatte. Sie neigte den Kopf und floh in Gedanken zu ihrem Vater, setzte sich, wie sie es gewohnt war, in seinem Privatkontor an den großen Schreibtisch ihm gegenüber. Und sie stellte sich vor, wie sie für ihn Adressen auf die Briefumschläge schrieb, sie hörte die Feder kratzen. Sie hörte aber auch die Offiziere lachen, jedoch von ferne. Sie blickte zum Vater auf: innig, flehend, stumm. Da sah sie ganz deutlich einen Briefumschlag vor sich, und darauf stand in ihrer eigenen Schrift: „An Herrn Schmul Feigenblatt, Makler in Mlawa."

Und schon erhob sie sich, sagte zu ihren vergnügten Peinigern „Einen Augenblick!" und ging hinaus.

Es war längst Nacht geworden. Nach einigem Umherspähen erblickte sie einen Arbeiter, der eine Ölkanne trug. Sie zeigte ihm heimlich ihre vier Rubel, gab ihm zwei und versicherte ihm, daß er die übrigen zwei erhalte, wenn er ihr eine kleine Bitte erfülle. Und sie beschwor ihn bei der Matka Boska Czetochowa, daß er so schnell wie möglich den Kornmakler Schmul Feigenblatt zu ihr herbringe.

Er sollte nur sagen, Lutka, die Tochter seines Geschäftsfreundes aus Danzig, warte auf ihn hier am Bahnhof.

Der Arbeiter steckte die Rubel ein und war in der Nacht verschwunden. Lutka aber ging zurück in den Wartesaal, setzte sich zwischen die roten Pekeschen. In Gedanken saß sie wieder vor ihrem Vater, doch sie hörte die Geigen, das Gläserklirren und das Gelächter der Russen.

Schließlich hörte sie die Tür aufgehen und hörte eine Stimme: „Nu, mein Teibchen, nein – die Freide!"

Da stand er, den sie wie einen Engel erwartet hatte und nun auch nicht anders wie eine Himmelserscheinung anstarrte: krummbeinig, in einen schmutzigen Kaftan gehüllt, die Nase über den grauen Bart herabgebogen und die Arme weit ausgebreitet. Schmuls Äugelchen hatten sich, als er eintrat, aufgerissen, waren aber dann ebenso schnell wieder klein, listig und demütig ahnungslos geworden. Und er hielt Lutka im Arm, küßte sie, griff nach ihrem Koffer und zog sie in die Nacht hinaus, noch ehe die vollständig verblüfften und vom Sekt berauschten Russen wußten, was eigentlich geschehen war.
Draußen wartete der Arbeiter. Lutka wollte ihm den Rest seines Lohnes geben, aber er hatte schon ihren Koffer gepackt, faßte sie hastig bei der Hand, während Schmul Feigenblatt, der das sah, ebenso schnell sie bei der anderen ergriff. So liefen die drei durch die dunklen Gassen von Mlawa, sie sprachen kein Wort.
Lutka hörte ihren Atem und das Keuchen der Männer. Die Pfützen zischten und zwatschten wie aufgeweckte, aus Wasser gemachte Nachtmahre. Der Kot zog an ihren Knöpfschuhen. Und es war kein Stern zu sehen. Aber sie fühlte ihre Hände in den großen kräftigen, warmen Männerhänden. Auf beiden Seiten wurde sie gehalten, gezogen; auf beiden Seiten schritt neben ihr der Vater. Wäre es nicht Nacht gewesen, sie hätte gesungen. Im Getratsch ihrer Schritte, im Geschwätz der Pfützen, ja, noch im Gebell der Hunde hörte sie die Worte des Vaters: „Fahr mit Gott, Lutka!“

Vom Verlust der Königstochter

Rabbi Nachman von Bratzlaw

Er sagte: „Auf der Reise habe ich eine Geschichte erzählt, daß jeder, der sie hörte, an Umkehr und Buße dachte."

Es war einmal ein König, der hatte sechs Söhne und eine Tochter. Die Tochter war ihm besonders teuer. Er liebte sie innig und fand großes Vergnügen an ihr. Eines Tages, als er mit ihr zusammen war, geriet er über sie in Zorn, und ihm entfuhren die Worte: „Daß dich der Nicht-Gute hole!"
Zur Nacht ging sie in ihre Kammer, und am Morgen wußte niemand, wo sie war. Ihr Vater war sehr betrübt und suchte sie überall. Als der Stellvertreter des Königs sah, wie sehr sich der König betrübte, erhob er sich und bat, man möge ihm einen Diener, ein Pferd und Geld für die Reise geben. Er zog aus, die Königstochter zu suchen. Er suchte lange Zeit, bis er sie fand. (Nun erzählt er, wie er sie gesucht, bis er sie gefunden hatte.)
Der Stellvertreter des Königs zog hierhin und dorthin, durch Wüsten, über Felder und in Wälder, und suchte lange nach ihr. Einmal, in einer Wüste, bemerkte er einen Pfad, der seitwärts lief. Er sagte sich: „So lange bin ich schon durch die Wüste gezogen und konnte die Königstochter nicht finden. Darum will ich diesen Pfad einschlagen. Vielleicht werde ich einen bewohnten Ort erreichen." Lange war er unterwegs. Dann erblickte er eine Burg, die von vielen Soldaten bewacht war. Die Burg war sehr schön anzuschauen, die Soldaten paradierten aufs ordentlichste. Er fürchtete, sie würden ihn nicht einlassen, doch er beschloß: „Ich will's versuchen." Er ließ das Pferd zurück und ging zu Fuß hinauf. Er wurde eingelassen, und ohne daß man ihn behindert hätte, schritt er von Kammer zu Kammer. Niemand wehrte ihm, und er gelangte in einen Saal. Dort sah er den König, angetan mit der Krone und umringt von Soldaten. Viele Musikanten spielten vor ihm auf. Alles war wunderschön, und

weder der König noch jemand sonst stellte ihm Fragen. Er sah die feinsten Speisen, nahm davon, aß und legte sich in einem Winkel nieder, um zu sehen, was geschehen würde. Er sah, wie der König den Befehl gab, die Königin zu holen. Als sie herbeigeführt wurde, erhob sich lauter Lärm und großer Jubel, und die Musikanten sangen und spielten nach Kräften.
Ein Thronsessel war für sie aufgestellt, und sie wurde neben jenen König gesetzt. Es war die Königstochter. Der Stellvertreter des Königs sah sie und erkannte sie. Die Königin blickte sich um, sah jemanden in einem Winkel liegen und erkannte ihn. Sie erhob sich von ihrem Sessel, trat zu ihm hinüber, berührte ihn und fragte ihn: „Erkennst du mich?" „Ja", antwortete er, „ich erkenne dich. Du bist die Königstochter, die verlorenging." Und er fragte sie: „Wie kommst du hierher?" Sie antwortete: „Da meinem Vater, dem König, jene Worte entfuhren. Dies ist der Ort, der nicht gut ist."
Er erzählte ihr, daß ihr Vater sehr betrübt sei und daß er sie schon jahrelang suche. Er fragte sie: „Wie kann ich dich befreien?" Sie gab ihm zur Antwort: „Du kannst mich nicht befreien – es sei denn, du suchst dir einen Ort, an dem du ein Jahr lang verweilst. Während des ganzen Jahres sollst du dich danach sehnen, mich zu befreien. Wann immer du Zeit haben wirst, sollst du dich sehnen, sollst wollen und hoffen, mich zu befreien. Du sollst fasten, und am letzten Tag des Jahres sollst du fasten und nicht schlafen von Abend zu Abend." Er ging und tat, wie sie ihm aufgetragen hatte.
Am Ende des Jahres, am letzten Tag, fastete er und schlief nicht. Dann machte er sich auf zur Burg. Am Weg erblickte er einen Baum, an dem wunderschöne Äpfel wuchsen. Es gelüstete ihn sehr nach ihnen, und er aß. Sobald er aber den Apfel gegessen hatte, fiel er nieder, und Schlaf übermannte ihn. Er schlief lange Zeit. Der Diener schüttelte ihn, konnte ihn aber nicht aufwecken. Schließlich erwachte er von selbst aus dem Schlaf und fragte seinen Diener: „Wo in aller Welt bin ich?" Der erzählte ihm, was geschehen war: „Du schläfst schon lange Zeit. Jahre sind hingegangen, während du schliefst. Ich hab mich von den

Früchten ernährt." Da betrübte der Stellvertreter des Königs sich sehr. Er ging und fand die Königstochter in der Burg. Sie beklagte sich bei ihm und war sehr traurig: „Um eines Tages willen hast du's verwirkt! Wärest du gekommen, du hättest mich befreit! Ja, es ist sehr schwer, nicht zu essen, besonders am letzten Tag, wenn der böse Trieb übermächtig wird. Nun such dir wieder einen Ort, an dem du wieder ein Jahr verweilst. Am letzten Tag magst du wohl essen, doch schlafen darfst du nicht. Und du darfst keinen Wein trinken, damit du nicht schläfst. Denn der Schlaf ist das Wichtigste." Er ging und tat, wie ihm aufgetragen. Am letzten Tag des Jahres, schon unterwegs, sah er eine Quelle sprudeln. Ihre Farbe war rot und ihr Geruch der von Wein. Er fragte den Diener: „Hast du das gesehen? Ist das nicht eine Quelle – aber ihre Farbe ist rot und ihr Geruch ist der von Wein!" Ging und probierte davon. Er fiel nieder, schlief ein und schlief viele Jahre, schlief siebzig Jahre lang.
Viele Soldaten marschierten mitsamt ihrem Troß vorüber. Der Diener verbarg sich vor ihnen. Danach kam eine Kutsche, in der die Königstochter saß. Sie hielt an und stieg aus. Sie setzte sich neben den Schlafenden und erkannte ihn. Sie schüttelte und rüttelte ihn, aber er war nicht zu wecken. Da begann sie über ihn zu klagen: „Die vielen Mühen und die langen Leiden, Jahr um Jahr, während du dich darum mühst, mich zu befreien! Um des einen Tages willen, an dem du mich hättest befreien können, hast du's verwirkt." Sie weinte bitterlich und sprach: „Groß ist der Jammer – wie schade um dich und um mich! Seit so langer Zeit schon bin ich da und kann nicht fort."
Sie nahm das Tuch von ihrem Kopf, beschrieb es mit Tränen und legte es neben ihn nieder. Sie stand auf, setzte sich in die Kutsche und fuhr davon. Bald darauf erwachte er und fragte den Diener: „Wo in aller Welt bin ich?" Der erzählte ihm, was geschehen war, daß viele Soldaten vorbeimarschiert seien, daß die Kutsche dagewesen und daß die Königstochter über ihn geweint habe. Und daß sie gerufen habe: „Es ist ein großer Jammer – wie schade um dich und um mich!" und so fort ... Indessen blickte er sich um, sah das Tuch neben sich liegen und

fragte: „Woher ist das?“ Der Diener antwortete: „Sie hat’s zurückgelassen und mit ihren Tränen darauf geschrieben.“ Er nahm das Tuch und hob es gegen die Sonne; da begann er die Buchstaben zu sehen und las, was geschrieben stand – ihr Klagen und ihr Schreien und daß sie nicht länger mehr in der Burg sei. Er solle vielmehr einen goldenen Berg und ein Perlenschloß suchen: „Dort wirst du mich finden.“
Da ließ er den Diener zurück und machte sich allein auf den Weg, sie zu suchen. Viele Jahre war er schon auf der Suche, als er sich dachte: „An bewohntem Ort ist ganz gewiß kein goldener Berg und kein Perlenschloß zu finden“ – er kannte sich auf den Landkarten wohl aus –, „also will ich in die Wüste gehen und sie dort suchen.“ Er machte sich auf in die Wüstenei, um sie dort zu suchen, viele Jahre lang. Da traf er auf einen Mann, der war unmenschlich groß und trug einen Baum, so groß, wie’s keinen Baum an bewohntem Ort je gegeben. Der Mann fragte ihn: „Wer bist du?“ Er antwortete: „Ich bin ein Mensch.“ Da verwunderte sich der Riese sehr und sprach: „Ich bin schon so lange in dieser Wüste und hab doch noch nie einen Menschen hier gesehen.“ Er erzählte dem Riesen die ganze Geschichte und daß er einen goldenen Berg und ein Perlenschloß suche. Der Riese antwortete: „Das gibt es nicht, das ist sicher.“ Und wies ihn ab und sagte: „Da hat man dir etwas weisgemacht, denn so etwas gibt es sicher nicht.“ Da begann der Stellvertreter des Königs zu weinen: „Doch, das gibt es! Irgendwo muß es das geben!“ Jener wies ihn abermals ab: „Da hat man dir eine Torheit eingeredet.“ Doch er erwiderte: „Gewiß doch, irgendwo existiert es!“ Der Riese sagte: „Meiner Meinung nach ist das Unsinn. Doch weil du so sehr darauf beharrst, will ich dir helfen. Ich bin gesetzt über alle Tiere auf der Erde, dir zuliebe will ich sie zusammenrufen. Sie durchstreifen die ganze Welt. Vielleicht weiß eines von dem Berg und von dem Schloß.“ Er rief alle Tiere herbei, große wie kleine, und befragte sie. Doch alle gaben zur Antwort, sie hätten’s nicht gesehen. Da sagte der Riese: „Siehst du, man hat dir eine Torheit eingeredet. Wenn du auf mich hörst, kehrst du um. Du wirst nichts finden, das gibt es nicht auf der Welt.“ Der

Stellvertreter des Königs aber blieb beharrlich und sagte: „Doch, das muß es geben!“ Da sagte der Riese zu ihm: „Ich habe einen Bruder in der Wüste. Der ist gesetzt über alle Vögel. Vielleicht wissen die, die hoch in den Lüften fliegen, etwas, vielleicht haben sie den Berg und das Schloß gesehen. Geh zu ihm und sag ihm, ich hätte dich geschickt.“
Er war Jahre auf der Suche. Und wieder traf er auf einen riesengroßen Mann. Auch der trug einen sehr großen Baum und fragte ihn, wie ihn der erste gefragt hatte. Der Stellvertreter des Königs gab ihm die ganze Geschichte zur Antwort und sagte, daß sein Bruder ihn zu ihm geschickt habe. Doch auch dieser Riese wies ihn ab: „So etwas gibt es nicht.“ Der Stellvertreter des Königs drang sehr in ihn und beharrte darauf, daß es das gebe. Da sagte der zu ihm: „Ich bin gesetzt über alle Vögel. Ich will sie rufen, vielleicht, daß sie's wissen.“ Und er rief alle Vögel und befragte sie alle, große wie kleine. Doch alle gaben zur Antwort, sie wüßten nichts von dem Berg und dem Schloß. Der Riese sagte ihm: „Siehst du, das gibt es nicht auf der Welt. Wenn du auf mich hörst, kehrst du um, das gibt es nicht.“ Doch er beharrte darauf und erwiderte: „Doch, das gibt es auf der Welt!“ Jener sagte: „Tiefer in der Wüste, da lebt mein Bruder. Der ist gesetzt über alle Winde. Sie wehen über die ganze Welt, vielleicht wissen sie's.“
Er suchte jahrelang. Wieder fand er einen riesigen Mann, der einen sehr großen Baum trug und ihn wie die anderen befragte. Auch dem antwortete er mit der ganzen Geschichte, und auch der wies ihn ab. Aber der Stellvertreter des Königs bat ihn inständig. Der Riese sagte, er wolle ihm zuliebe alle Winde zusammenrufen und sie fragen. Alle befragte er. Keiner wußte von dem Berg und dem Schloß. Da sprach er zu ihm: „Siehst du, man hat dir Unsinn erzählt!“ Da begann er heftig zu weinen und sagte: „Ich weiß es, gewiß gibt es den Berg und das Schloß!“ Indessen sah er, daß noch ein Wind eintraf. Der über ihn gesetzt war, zürnte: „Warum kommst du zu spät? Hab ich nicht befohlen, daß alle Winde kommen sollten? Warum bist du nicht mit ihnen gekommen?!“ Der Wind gab zur Antwort: „Ich habe mich

verspätet, weil ich eine Königstochter auf einen goldenen Berg mit einem Perlenschloß tragen mußte." Und er freute sich sehr.
Der, der allen Winden gebot, fragte den Wind: „Was ist dort teuer?" „Alles ist dort teuer!" Er wandte sich an den Stellvertreter des Königs und sagte zu ihm: „Da du so lange Zeit nach ihr suchst und so viele Mühen auf dich genommen hast und damit dir jetzt nicht des Geldes wegen ein Hindernis in den Weg tritt, will ich dir ein Gefäß geben. Wenn du die Hand hineinsteckst, kannst du ihm Geld entnehmen." Dann gebot er dem Wind, ihn dorthin zu tragen. Der Sturmwind kam, trug ihn dorthin und brachte ihn vor das Tor. Soldaten standen davor und verwehrten ihm den Zugang.
Er streckte die Hand in das Gefäß, bestach die Soldaten und betrat die Stadt. Es war eine schöne Stadt. Bei einem reichen Bürger nahm er Kost und Wohnung, denn er würde sich dort länger aufhalten müssen und klug und weise zusehen, wie er sie befreien könnte.
Und wie er sie befreit hat, das hat er nicht erzählt.
Endlich hat er sie befreit.

Noah beim Weinbau

Jüdisches Märchen

Noah war froh, daß er in der Arche mit seiner Familie die Sintflut überlebt hatte. Und er war dankbar, daß er nun wieder die geliebte Erde unter seinen Füßen spürte. Als Ackermann wollte er nun auch einen Weinberg anlegen.
Aber er wußte nicht so recht, wie man an diese Arbeit herangeht.
Da kam der Teufel zu ihm und bot ihm seine Hilfe an. Er sagte: „Ich bin gern bereit, dich den Weinanbau zu lehren. Aber nur

unter einer Bedingung: Sobald der Wein reif ist, gehört die eine Hälfte mir, und wehe, wenn du mir davon nimmst!"
Noah war einverstanden und baute mit Hilfe des Teufels den Weinberg. Er grub die Erde um, und der Satan brachte das Blut eines Lammes und goß es in die Furche. Dann brachte er das Blut eines Löwen und ließ es in die Erde fließen. Danach schlachtete er einen Affen, und dessen Blut ergoß sich in die Erde. Schließlich brachte er ein Schwein und goß das Blut in die Furche.
Nach einigen Jahren sprossen die Weinreben üppig, und Noah begann den Wein zu ernten und dann zu trinken. Er schmeckte wunderbar, und Noah trank ohne Maß. Er trank auch den Teil des Satans und wurde schließlich so betrunken, daß er vor aller Augen entblößt im Dreck lag.
Als er wieder nüchtern war, erschien ihm der Teufel und sagte zu ihm: „Wisse, Noah, wenn der Mensch ein Glas von dem edlen Wein trinkt, wird er sanft wie ein Lamm. Trinkt er das zweite, spielt er sich wie ein Löwe auf und prahlt mit seinen Heldentaten. Wenn er das dritte Glas getrunken hat, verliert er das Menschliche und wird zum Affen. Und nach dem vierten Glas wird er zum Schwein und wälzt sich im Dreck der Erde. Denn auch die schönsten Dinge des Lebens verkehren sich im Übermaß und Unmaß in ihr Gegenteil!"

Und draußen war ein Tag aus Blau und Grün
mit einem Ruf von Rot an hellen Stellen.
Der Teich entfernte sich in kleinen Wellen,
und mit dem Winde kam ein fernes Blühn
und sang von Gärten draußen vor der Stadt.

Es war, als ob die Dinge sich bekränzten,
sie standen licht, unendlich leicht besonnt;
ein Fühlen war in jeder Häuserfront,
und viele Fenster gingen auf und glänzten.

Rainer Maria Rilke

****

Das Leben neu geschenkt

Axel Kühner

Der Samstag war erst halb verbraucht. Die Mittagssonne stand hoch am wolkenlosen Himmel und brannte auf das kleine Bauerndorf herab. Leise kündigte sich das Wochenende an. Menschen und Tiere kamen nach harter Arbeit langsam zur Ruhe. Behäbige Stille machte sich breit.

Wir Kinder genossen den Sommer. Wir hatten unsere großen Freiheiten und kleinen Aufgaben. Wir lebten geborgen in den verläßlichen Vierecken von Haus und Hof, Schule und Dorf. Die Wärme in einer Familie und die Weite in Wald und Feld ließen uns glücklich sein.

Zu den Samstagspflichten gehörten das Versorgen der Haustiere, das Fegen von Diele und Hof und schließlich der Besuch im Kühlhaus des Nachbardorfes. Dort hatten sich die Landwirte einiger Ortschaften, lange bevor es Kühltruhen im Haus gab, ein Gemeinschaftskühlhaus errichtet, in dem die Gartenerzeugnisse und Fleischvorräte der einzelnen Bauernfamilien tiefgefroren lagerten. Von dort mußten wir jeweils am Samstag den Sonntagsbraten und das dazu passende Gemüse holen.

Mein Vetter und ich nahmen die Räder und fuhren los. Die Temperatur von über vierzig Grad in der Sonne und der schattenlose Weg von über drei Kilometern konnten uns mit unseren zehn und elf Jahren die Freude an dem herrlichen Sommertag nicht nehmen. Wir fuhren um die Wette, lachten und hatten einen Riesenspaß. Wir wußten die Sommersonne über uns, die sichere Erde unter uns, wir spürten den Wind im Rücken und hatten das Leben vor Augen. Wir hörten den Gefährten neben uns und fühlten das Kinderglück in uns.

Menschenkinder sind unterwegs. Ihr einfaches Glück ist die Versammlung von Lebensraum und Lebenszeit, Lebenskraft und Lebensfreude, Lebensgefährte und Lebensaufgabe, Le-

bensweg und Lebensziel, Lebenssehnsucht und -erfüllung. Traum und Wirklichkeit fließen ineinander.
Obwohl wir nur mit Sommerhemd und kurzer Hose bekleidet waren und unsere nackten Füße in leichten Sandalen steckten, kamen wir erhitzt und verschwitzt am Kühlhaus an. Nun freuten wir uns auf die Abkühlung und Erfrischung bei minus 22 Grad. Durch vier dicke, isolierte Türen gelangten wir in das Innere des Kühlhauses, den eigentlichen Gefrierraum. Hier hatte jede Familie ihr großes, mit Namen gezeichnetes Fach mit den tiefgefrorenen Fleisch- und Gemüsepäckchen.
Als wir aus der sommerlichen Hitze in die Kühle des Gefrierraumes eintauchten, trafen wir auf ein Mädchen aus dem Nachbardorf, das gerade die entnommenen Sachen in einen Korb packte und, durch uns zwei laute Jungen etwas eingeschüchtert, den Kühlraum verließ. Immer wieder hatte man uns Kindern eingeschärft: „Macht im Kühlhaus alle Türen fest zu, damit die Wärme draußen und die Kälte drinnen bleibt!" Das Mädchen nahm diese Mahnung ganz ernst und schloß eilig und gedankenlos alle vier Türen mit dem großen, nur von außen zugänglichen Umlegehebel fest hinter sich zu und fuhr nach Hause.
Wir hatten derweil noch völlig ahnungslos unseren Spaß. Wir genossen die Abkühlung, lasen auf dem Thermometer die Kältegrade ab, ließen die Schweißperlen gefrieren und suchten dann langsam den Schmorbraten und das Gemüse. Ganz allmählich setzte sich die Kälte gegen die in uns gespeicherte Wärme durch. Uns fror. Wir hatten alles und wollten raus an die Sonne und wieder nach Hause. Erst da machten wir die schreckliche Entdeckung. Die Türen waren zu, und wir waren gefangen.
Dicke, mehrfach isolierte Mauern schlossen uns ein. Die Türen waren versperrt und nur von außen zu öffnen. Kein Fenster und kein Notruf. Niemand würde uns hören. Der Raum war eng und die Luft begrenzt. Zwischen den Holzschüben an den Wänden blieb uns ein schmaler Gang, luftdicht und schalldicht abgeschlossen.
Zwei lebendige Jungen eingesperrt in massive Bedrohung. Wir

waren zum Leben unterwegs und hockten in einer unglücklichen Falle, kaltgestellt in der eisigen Luft des Todes.

Menschenkinder in der Enge. Angst macht sich breit. In Gedankenlosigkeit und Unachtsamkeit eingesperrt. Von der Kälte der Lieblosigkeit wie erfroren. Von Mauern des Unabänderlichen erdrückt. Von verschlossenen Türen erst zu Rebellen und dann zu Resignierten gemacht. Aus der Traum von der großen Freiheit. Aufgewacht in der Enge des Lebens und von den Zwängen erschreckt. Der Lebensspielraum ist kleiner, als man denkt.

Wir saßen drin. Erst ganz allmählich drang das Ausmaß der Bedrohung in uns ein. Wir waren auf Glück programmiert und standen urplötzlich dem Unglück gegenüber. Wir waren auf Leben eingestellt und befanden uns unvermittelt in tödlicher Gefahr. Wir hatten in uns die weite Sehnsucht nach Freiheit und um uns die engen Grenzen der Realität. Vier Wände schlossen uns ein.

Ist nicht unser Leben grundsätzlich bei allem Zauber so begrenzt und bei allen Möglichkeiten so gefangen? Die Wand hinter uns heißt Geburt. Niemand wird gefragt, ob und wann und wo er geboren wird. Keiner kann wählen, in welchem Elternhaus, in welchem Land, in welchem Jahr er zur Welt kommt. Niemand entscheidet, ob er in Krieg oder Frieden, in Armut oder Wohlstand, in christlicher oder anderer Kultur aufwächst. Keiner wirkt daran mit, ob er als Mädchen oder Junge, begabt oder behindert, robust oder kränklich ins Leben tritt. Niemand sucht sich sein Gesicht, seine Hautfarbe und seine Gestalt aus. Kein Mensch schreibt den Anfang seines Lebens selber. Wir werden in das Leben hineingeworfen und finden uns so darin vor. Aber finden wir uns darin auch zurecht?

Manche Menschen haben sich versöhnt an diese Wand zurückgelehnt und mit Matthias Claudius gesungen: „Ich danke Gott und freue mich, wie's Kind zur Weihnachtsgabe, daß ich bin, bin und daß ich dich, schön menschlich Antlitz, habe!" – Andere haben unter ihren Lebensumständen so gelitten, daß sie den Tag ihrer Geburt verfluchten. Wie viele Menschen haben sich an ihren Grenzen und Gaben, Verhältnissen und Veranlagungen, Eltern und Eigenarten, ihrem Geschlecht und Gesicht wundgerieben? Ungezählte sind verzweifelt gegen die Wand ihrer Geburt angerannt und daran zerbrochen. Auch große Menschen Gottes wie Hiob und Jeremia haben unter der Last ihres Lebens geseufzt und ihre Geburt verwünscht. Aber die Wand hinter uns steht fest. Wir sind nun einmal so geboren und in diesen Lebensraum eingegrenzt.

Die Wand vor uns heißt Tod. Sie scheint noch so weit weg und ist doch bedrohlich nahe. Wir wollen die Wand des Todes nicht sehen und wahrhaben, aber sie zeigt sich unerbittlich. Ungebeten dringt die Wirklichkeit des Todes in das Leben hinein und macht es schließlich zunichte. Der Tod trennt Menschen, zerstört Hoffnungen und begräbt ganze Lebenswerke unter seiner Gewalt. Gegen ihn ist kein Kraut gewachsen und keine Medizin gefunden. Er ist unheimlich, er redet nicht und zwingt uns alle miteinander. Seine Macht hält uns als Sklaven der Angst, seine Gewalt erniedrigt uns Sieggewohnte zu Verlierern.

Viele Menschen verhängen die Wand des Todes mit grellen Bildern des Lebens. Sie übertönen sein Schweigen mit ihren nach Leben schreienden Liedern. Andere rennen mit aller Macht gegen diese Wand an und gehen dabei doch zugrunde. Wieder andere behelfen sich, indem sie den schrecklichen Feind in den Freund Hein verwandeln, der sie vom nicht mehr lebenswerten Leben erlösen soll.

Ein junger Mann lag nach einem Verkehrsunfall im Krankenhaus und schrie drei Tage und Nächte über die ganze Station: „Ich will noch nicht sterben, ich will noch nicht sterben!" Er starb. Wir werden nicht gefragt.– Eine alte Frau lag nach einem langen Leben im Pflegeheim. Sie konnte nicht mehr laufen, nicht mehr sehen, nicht mehr hören. Sie wünschte sich jeden Abend, daß sie sterben könnte. Sie lebte noch zehn Jahre. Wir werden nicht gefragt.– Die Wand des Todes ist einfach da, ungefragt, eisigkalt und stumm. Der Tod gibt keine Antwort auf die Lebensfragen.

Wir saßen drin. Die großen Träume des Lebens drohten hinter den dicken Mauern zu ersticken. Und die wunderbare Freiheit kämpfte verzweifelt gegen das Erfrieren an.- Die Wand auf der einen Seite ist das Schicksal. Das sind Ereignisse und Veränderungen, die unser Leben überfallen und eingrenzen. Dinge, die wir nicht wollen und wählen, aber auch nicht verhindern und vermeiden können. Kriege und Katastrophen zwingen den Menschen. Unfälle und Unglücke mindern das Leben. Krankheit und Behinderung machen die Lebensräume eng. Verlust von Heimat und Arbeit treffen den Menschen und zerstören seine Existenz. Der Tod von Kindern und Eltern, Gefährten und Freunden läßt die Lebenden im Gefängnis von einsamer Trauer zurück. Widrige Umstände bringen um Hoffnung und Lebenskraft. Unerbittliche Schicksale haben das Leben gefangengenommen und schier erdrücken wollen.- An dieser Wand des Schicksals haben sich unzählige Menschen den Kopf eingerannt und sind mit der verzweifelten Frage nach dem Warum gescheitert. Die Wand gibt nicht nach. Sie steht da und raubt uns den Atem und die Freiheit.

Die Wand auf der anderen Seite ist die Schuld in der Lebensgeschichte. Menschen haben gewählt und gewollt, entschieden und erzwungen und sich damit auch selbst festgesetzt. Die Weichen wurden gestellt und die Richtungen eingeschlagen, und nun laufen die Züge und entwickeln sich die Verhältnisse, ohne daß wir sie noch ändern können. Wir haben Worte gesagt und können sie nicht mehr zurückholen. Wir haben geschwiegen und können die Worte nicht mehr nachholen. Wir haben gehandelt und unterlassen, haben Werke aufgebaut und verhindert. Bei allem Guten und Richtigen haben wir viel verkehrt gemacht, falsch gelebt, gegen Gott und das Leben entschieden. Die Folgen bilden eine dicke Wand des Unabänderlichen, die wir Stein um Stein selbst gezogen und uns darin eingesperrt haben. Da hilft kein Wenn und Aber, keine Wehmut und Trauer. Die Wand unserer Lebensschuld steht da, massiv und lebensbedrohend.

In diesen Grenzen ist alles Leben gefangen. Innerhalb der vier

Wände von Geburt und Tod, Schicksal und Schuld ereignet sich das Menschsein. Darin bleibt uns ein winziger Spielraum des Lebens. Er ist bedrückend eng und bitter kalt. Das Leben ist so kostbar und so bedroht, so zauberhaft und so zerbrechlich. Seine Glut und Wärme ringt mit der Kälte des Todes. Die starke Sehnsucht nach Freiheit kämpft einen verzweifelten Kampf gegen die Angst und Enge des Lebens.
Wir waren gefangen. Aber zuerst kam es uns wie ein großes Abenteuer vor. Kinder tragen in sich wohl eine Schutzschicht, die ihr Inneres vor dem zu schnellen Zugriff der Bedrohung bewahrt. So kitzelte uns zunächst der Reiz des Ungewohnten, und die prickelnde Gefahr forderte uns heraus. Aufregung und Spannung übten einen Moment lang ihren Zauber aus, und wir kosteten die besondere und nicht so alltägliche Situation aus. Das Leben war plötzlich spannend und aufregend, ungewöhnlich und abenteuerlich.
Viele Menschen empfinden ihr Leben an der Grenze zunächst als Abenteuer und nehmen Enge und Hindernisse, Bedrohung und Gefahr als Herausforderung an. Das Leben will als Kampf bestanden sein, und Schwierigkeiten wollen mit Anstrengung überwunden werden.
Aber dann kroch mit der Kälte die nackte Angst an uns hoch, griff mit spitzen Fingern nach uns und krallte sich in uns fest. Wir erlebten buchstäblich und leiblich, wie Enge und Angst zusammengehören. Panische Angst überfiel uns, Angst vor dem Ersticken, Angst vor dem Erfrieren, Angst um das Leben und die Freiheit, Angst vor dem Tod. Wir spürten, daß alle Angst letztlich Verlustangst ist und dort geboren wird, wo Menschen ihre Freiheit und Geborgenheit verlieren, die Weite und Wärme des Lebens vermissen. Die Angst packte uns. Sie ließ uns frieren und schwitzen zugleich. Sie lähmte uns völlig und machte uns zugleich Beine.
Wir versuchten eine Zeitlang, die Angst vor uns selbst und einander zu verbergen und mit markigen Sprüchen und heftigen Bewegungen zu überspielen. Aber schließlich gestanden wir sie uns ehrlich ein und konnten besser mit ihr umgehen.

Angst ist ein Grundlebensgefühl des Menschen jenseits von Eden. Zwischen Geburt und Tod, Schicksal und Schuld leben die Menschen ohne die letzte Geborgenheit bei Gott. Sie haben viel verloren und sind nun Kinder des Todes und der Angst. Es wird auch im Leben darauf ankommen, die Angst nicht zu umgehen, sondern richtig mit ihr umzugehen. Das Bewußtwerden der Enge, das Eingestehen der Angst helfen uns, sie in Handlung und Hoffnung zu verarbeiten.

Zuerst brachte uns die Angst in Bewegung. Verzweifelt rannten wir gegen die Wände an und schlugen auf sie ein. In panischer Angst trommelten unsere Kinderfäuste gegen die verschlossene Tür. Wir wollten und konnten uns nicht mit der Enge und Gefangenschaft abfinden. Wir schrien aus Leibeskräften, immer und immer wieder, noch lauter und noch vereinter bis zur völligen Erschöpfung.

Angst macht Beine, bringt in Bewegung und auf die Barrikaden. In jedem Leben gibt es die Phase von Aufbäumen und Protest gegen das scheinbar Unabänderliche und Verhängnisvolle. Mal mehr trotzig, mal mehr verzweifelt, bisweilen voller Wut und immer aus Angst rennen und schreien die Menschen gegen die Begrenzung und Bedrohung ihres Lebens an. Diese Ausbrüche sind verständlich, aber sie sind letztlich erfolglos. Die Wände stehen da, und die Mauern geben nicht nach, noch antworten sie.

Nachdem unsere Stimmen heiser geschrien und unsere Hände wund geschlagen waren, wurden wir ruhig und besonnen. Wir überlegten uns, was wir tun könnten, einander warm, bei Verstand und am Leben zu erhalten. Ganz vernünftig wollten wir im Gefängnis das Beste und Richtigste tun. Wir rieben uns gegenseitig Hände und Füße, Nase und Gesicht, rubbelten uns den Rücken, bewegten uns leicht und legten zwischendurch immer wieder ruhig die Hände unter die Achseln. Wir wollten die wenige Luft und Kraft nicht unnötig und unvernünftig vertun.

Unvernunft kann in der Enge des Lebens viel schaden. Und eine vernünftige Lebensweise viel Gutes bewirken. Menschen können mit Nachdenken und Vernunft, mit Lebensklugheit und

Umsicht, Besonnenheit und Vorsicht manchen Schaden abwenden und viele Besserungen erzielen. Lebensangst, die sich mit der Lebensklugheit verbündet, kann innerhalb der Lebensgrenzen viel nützen. Sicherung und Bewahrung des Lebens durch Technik und Medizin werden Gestalt. Aber die menschliche Vernunft kann die letzte Freiheit und Erlösung nicht bewirken. Sie kann im Gefängnis viel bessern, aber sie ist auch mitgefangen und nicht in der Lage, die Lösung der Lebensfragen zu geben. Nachdenken und vernünftig sein sind immer gut, aber sie können die Tür nicht öffnen und die Grenzen nicht überschreiten. Wir Menschen sind mit unserem Denken und Wollen gefangen und bedroht.

Ein Glück, daß wir zu zweit waren. So konnten wir uns gegenseitig helfen und wärmen. Wir konnten miteinander reden und aufeinander hören. Wir konnten unsere Ängste teilen und die Tränen der Verzweiflung mischen. Wir konnten uns Mut machen und trösten. Wir haben miteinander geschrien und geweint, überlegt und gehandelt, gebetet und gehofft. Als ein großes Glück haben wir die Gemeinsamkeit empfunden.

Aber wir haben auch die Begrenzung des Miteinanders gespürt. Wir konnten uns viel geben, teilen und bedeuten. Aber das wirklich und letztlich Not-wendige konnten wir uns nicht bieten, die Befreiung. Wir teilten das Gefängnis und die Angst, mischten unsere Verzweiflung und Hoffnung. Aber die letzte Lösung unseres Problems hatten wir uns nicht zu geben. Nie wären wir darauf gekommen, das voneinander zu erwarten, was keiner dem anderen geben konnte, die Freiheit.

An den Grenzen des Lebens, in den tiefen und letzten Erfahrungen bleibt eine Einsamkeit, die in der Begrenztheit des Menschen gründet. Mitmenschen sind immer mitgefangen, auch in sich selbst. Menschen haben sich viel zu geben. Sie können sich stärken und ergänzen, sich bereichern und vertiefen. Menschliche Bindungen in Ehe und Familie, Freundschaft und Liebe, Arbeitsteam und Kameradschaft sind eine wunderbare Gabe und ein großes Glück. Aber alles menschliche Miteinander ist begrenzt. Niemand kann einem anderen Menschen die letzte

Sehnsucht stillen, die äußerste Not wenden, die tiefste Erfüllung des Lebens gewähren. Wer das von einem anderen erwartet, fordert oder gar einklagt, wird die Beziehung damit überfrachten und zerstören. Viele Bindungen sind an dieser Überforderung gescheitert und zerbrochen. Die Liebe zwischen Frau und Mann und Kindern und Eltern, tiefe Freundschaften und echte Kameradschaften sind Orte des Glücks, aber nicht der letzten Erfüllung und Lösung des Lebens.

Wir beide im Kühlhaus hatten einander, zum Glück. Und konnten uns doch nicht geben, was wir letztlich brauchten, die Freiheit. Das müssen Lebensgefährten wissen, die zwischen Geburt und Tod, Schicksal und Schuld unterwegs sind. Es bleibt ein Rest an Einsamkeit, weil die anderen immer mit uns gefangen sind.

Dann entdeckte mein Vetter in seiner Hosentasche das kleine Taschenmesser. Neue Hoffnung keimte in uns auf. Wir dachten tatsächlich: „Nun ist die Sache geritzt!" Sofort gingen wir an die Arbeit und versuchten, ein Loch in die Tür zu schneiden, durch das hindurch wir an den Hebel auf der anderen Seite gelangen wollten. Verbissen hantierten wir und wechselten uns bei der Arbeit ab. Wir waren einen Moment lang überzeugt, daß wir nun die Möglichkeit der Befreiung selbst in der Hand hätten. Aber völlig entkräftet und enttäuscht mußten wir aufgeben. Mehr als ein paar harmlose Ritzchen konnten wir dem Holz nicht zufügen. Wir hatten uns mit unserem kleinen Messer an der Dicke der Tür hoffnungslos vermessen.

Wie oft haben sich die Menschen mit ihren kleinen Möglichkeiten an der Größe der Probleme vermessen. Die Vermessenheit der Menschen besteht immer wieder darin, daß sie meinen, sie hätten mit neuen Fähigkeiten die Bewältigung der Lebensschwierigkeiten in der Hand. Klugheit und Intelligenz, Beharrlichkeit und Anstrengung bekommen manches in den Griff. Es gibt viele Hindernisse zu überwinden, Probleme zu lösen und Türen aufzustoßen. Aber die letzten Türen haben auf unserer Seite keinen Griff. Und es wäre vermessen, wenn wir sie mit unseren begrenzten Kräften überwinden wollten.

Mit schmerzenden Händen und schlaffen Armen mußten wir aufgeben. Es war ein sinnloses Unterfangen, einfach vermessen. Aus dieser ohnmächtigen Hilflosigkeit wuchs eine tiefe Verzweiflung. Wir hatten alles versucht. Die Wände gaben nicht nach. Die Türen blieben verschlossen. Die Kälte biß immer schmerzhafter nach uns. Die Luft wurde immer verbrauchter. Die Kräfte schwanden. Die Angst wuchs. Weil wir im Letzten so ohnmächtig gefangen saßen, wollten wir uns im Vorletzten Luft verschaffen. Wir warfen in hilfloser Wut einen Topf mit gefrorener Fleischbrühe an die Wand und rissen schließlich in einem Anfall von verzweifelter Panik das Thermometer von der Wand, um die angezeigte Kälte von 22 Grad nicht mehr sehen zu müssen. Sinnlose Überschreitung von Grenzen, falsche Freiheit, verrückte Spiele im Gefängnis, Ausbrechen im Kleinen, weil wir uns im Großen nicht befreien konnten.
Wieviel absurde und verfehlte Freiheit, wieviel verrückte Täuschung und sinnlose Grenzüberschreitung leben Menschen in ihrem Gefängnis aus, ohne daß sich etwas ändert. Nur innen geht viel zu Bruch. Verletzung und Entwürdigung bleiben zurück.
Das waren wir im Kühlhaus: prickelnde Abenteuerlust und Wahnsinnsangst, tobende Rebellion und besonnene Überlegung, einander helfend und doch hilflos, hochmotiviert und tief verzweifelt.
Unsere Stimmen waren heiser, die Hände blutig, die Füße erfroren, die Seelen aufgescheucht, die Sinne angstbenommen. Aber in unseren Herzen wohnte eine lebendige Hoffnung. Kindlich und inbrünstig hatten wir immer wieder zu Gott gebetet. Unsere Hoffnung gründete sich immer weniger auf unsere Kraft und immer mehr auf Möglichkeiten von außen. Eine kleine Hoffnung nährte sich von dem Gedanken, irgendwer wollte etwas aus dem Kühlhaus holen, würde die Türen öffnen und uns damit befreien. Diese Hoffnung hatte nur einen schmalen Grund und trog dann auch. Eine große Hoffnung setzten wir darauf, daß wir zu Hause vermißt und gesucht würden. Wir malten uns aus, daß unsere Mütter, die zu Hause auf die tiefgefrorenen Sachen

warteten, um sie gleich zu verarbeiten, sich Sorgen machten, wenn wir so lange nicht nach Hause kämen. Unsere einzige Rettung war eine Liebe von außen, die an uns denkt, uns vermißt und nach uns sucht. Diese feste Hoffnung, daß unsere Mütter uns nicht allein lassen würden, hielt uns wach, bei Verstand und am Leben.

Das ist auch für Menschenkinder zwischen Geburt und Tod, Schicksal und Schuld die einzige Hoffnung, daß es außerhalb ihrer Grenzen eine starke Liebe gibt, die an sie denkt, sich um sie sorgt und schließlich nach ihnen sucht.

So war es dann auch. Unsere beiden Mütter machten sich nach längerer Zeit des Ausbleibens Sorgen um uns. Sie berieten sich, dachten an einen Unfall unterwegs und machten sich schließlich mit dem Fahrrad auf, um nach uns zu suchen. Sie fuhren den ganzen Weg ab und hielten nach uns Ausschau. So kamen sie schließlich vor das Kühlhaus, sahen unsere Räder dort stehen, stürzten herbei, besorgten schnell im nebenstehenden Bauernhaus den Schlüssel, rissen die vier Türen auf, und wir taumelten in die Freiheit.

Die stundenlangen Qualen und Ängste, die eisige Kälte mit ihren Schmerzen, die Tränen der Verzweiflung, ohnmächtige Trauer und hilflose Wut, das alles verflog unter der Sommersonne wie ein dunkler, böser Traum. Wir schrien vor Freude, umarmten uns und unsere Mütter, fielen auf dem weichen Rasen vor dem Kühlhaus auf die Erde und dankten Gott auf Knien und aus tiefstem Herzen für die wunderbare Befreiung.

Frei, endlich frei, Wärme einatmen, lachen und weinen vor Freude, tanzen und springen, die Sonne sehen, die Erde spüren, das Leben gewinnen. Glückliches Leben, das frei hat.

Gott ist wie eine Mutter. Er macht sich Gedanken um seine Menschenkinder. Mit liebender Sorge begleitet er ihr Leben. Gott hat den Menschen wunderbar gemacht, ihm einen Lebensraum gestaltet, die Lebenszeit anvertraut, ihm die Lebensgefährten zugesellt, die Lebensmöglichkeiten eröffnet und ihm das Lebensziel vor Augen gestellt. So hat Gott den Menschen auf den Weg gebracht.

Aber der Mensch hat sich von der Sonne der göttlichen Liebe abgewandt und ist in den dunklen Schatten von Not und Bedrängnis geraten. Sein Leben droht an der Schuld zu ersticken und in der Kälte der Welt zu erfrieren. Der Tod ist eingedrungen in die Lebenswelt und möchte alles zunichte machen. Gott wartet auf seine Menschenkinder. Doch sie kommen nicht mehr nach Hause. Sie liegen elend gefangen in der Welt der Angst. Doch Gott läßt seine Menschen nicht verloren sein. Er macht sich auf den Weg, um sie zu suchen. Seine unendliche Liebe treibt ihn. Er geht den Menschen den langen Weg nach bis in ihr Gefängnis von Geburt und Tod, Schicksal und Schuld. Gott kommt von außen aus seiner unbegrenzten Ewigkeit, aber er kommt hinein in unser begrenztes Leben. Er wird als Mensch geboren.

Jesus kommt zur Welt. Er lebt als Mensch und stellt sich unter das Schicksal einer mit Gott gebrochenen Welt. Jesus kommt in die Enge und Angst unseres Lebens, erduldet die Kälte und Lieblosigkeit der Welt und stellt sich der Übermacht von Schicksal und Tod. Jesus lebt in Liebe ein menschliches Leben und stirbt einen frühen, tragischen Tod. Der Einzige, der den Grenzen nicht unterworfen ist, wählt sie bewußt und aus Liebe zu uns. Jesus sagt ja zu Geburt in Bethlehem und Tod auf Golgatha, Schicksal und Schuld - und kommt so hinein in unser Leben.

Gott geht uns in Jesus den ganzen Weg nach und öffnet unser Gefängnis. Die Wand der Schuld trägt Jesus fort, indem er am Kreuz von Golgatha für uns Menschen stirbt und das Gericht und die Verlorenheit stellvertretend erduldet.

Das Leben hat wieder eine Öffnung zu Gott hin, die Tür zur Freiheit ist offen.

Es war nur ein Schritt in die Freiheit, aber den mußten wir gehen. Alles andere konnten wir nicht tun. Wir brauchten nur durch die in Liebe und Fürsorge geöffneten Türen zu gehen. So einfach ist der Schritt in die Lebensfreiheit.

Die Vergebung der Lebensschuld in Anspruch nehmen, sich die Liebe Jesu gefallen lassen. Wir bekennen unsere Schuld und glauben die Vergebung. Wir gehen durch die offene Tür und danken Gott für die Befreiung. Jesus sagt: „Wer Sünde tut, der ist der Sünde Knecht. Wenn euch nun der Sohn frei macht, so seid ihr wirklich frei!" *(Johannes 8, 34.36)*

Unsere Mütter haben uns damals aber nicht nur einfach rausgelassen. Sie haben uns nach Hause genommen, gepflegt und versorgt, geborgen und begleitet. Das ist das Besondere an der Freiheit, die Gott schenkt. Sie ist zugleich die Geborgenheit bei ihm zu Hause. Im Glauben an Jesus werden wir geborgen und geheilt, gepflegt und behandelt, aufgebaut und wieder lebenstüchtig gemacht. Unter der Fürsorge Gottes können dann die Wunden des Lebens heilen und Menschen wieder gesund und stark, fröhlich und fähig werden.

Eine Seite des engen Lebensraumes öffnet sich und gibt den Weg ins weite Leben frei. Die Lebensschuld, die uns knechtet, trägt Jesus fort. Menschen sind an die Macht der Sünde verkauft und verloren. Aber Jesus löst sie durch sein Opfer am Kreuz aus. Er bezahlt mit seinem Leben für ihre Freiheit. Wer Jesus seine Schuld bekennt, tritt heraus aus dem Gefängnis der Verlorenheit. Aus dem begrenzten Viereck seines gefangenen Lebens tritt er in den großen Kreis der grenzenlose Liebe Gottes ein. Da werden Menschen losgebunden von der Angst und Verzweiflung und festgebunden an die Liebe Gottes. Die dunklen Wände von Schicksal und Tod verlieren ihre zwingende Macht vor der Größe der göttlichen Barmherzigkeit. Das Gespenst der Vergeblichkeit und die Schrecken der Sinnlosigkeit müssen einer ganz neuen Sicht von Leben weichen.

Jesus führt uns in seiner Liebe heraus aus dem Kerker der Angst, dem Gefängnis des Todes, der Hölle der Einsamkeit, und er führt uns hinein in seine Welt, die voller Hoffnung und Geborgenheit ist. Jesus bindet uns los und hält uns fest. Er schenkt uns die Weite, aber auch die Nähe zu sich. Er macht uns frei und geborgen. An seiner Hand dürfen wir nun hinter die Grenzen unseres irdischen Lebens sehen und durch die Einblicke in seine Wirklichkeit neu werden.

Hinter der Wand unserer Geburt entdecken wir eine Liebesab-

sicht Gottes. Gott hat uns so gewollt, in dieser Zeit, in diesem Land, in diesem Elternhaus, mit unseren Gaben und Grenzen. Wir sind nicht Kinder des Zufalls oder Produkte der Beliebigkeit. Gott hat uns in seiner Liebe zum Leben und zur Welt kommen lassen. Er hat einen wunderbaren Plan und eine gute Absicht mit uns. Die Gewißheit, von Gott selbst gewollt, geliebt, geführt und bewahrt zu sein, löst die Angst vor der Willkür und Launenhaftigkeit menschlichen Lebens auf. Wir sind nicht von blinden Zufällen ins Leben geworfen, sondern in Liebe gemacht, mit weiser Absicht gewollt, von göttlicher Fürsorge begleitet und von Treue umgeben.
Hinter der Wand des Todes sehen wir den auferstandenen Christus, der am Thron Gottes auf uns wartet. Er sehnt sich nach seinen Menschenkindern, für die er den Tod ausgehalten und das ewige Leben bei Gott erkämpft hat. Die dunkle Wand des Sterbens verwandelt sich in feste Hoffnung auf ein neues Leben. Das kalte Grauen des Todes, das uns soviel Angst macht, wird von der Wärme der Liebe Jesu überboten. Wo wir schließlich nichts mehr zu erwarten haben, werden wir von ihm in Liebe erwartet. Jesus hat dem Tode die letzte Macht genommen. Das Sterben, so notvoll es auch sein mag, bringt uns letztlich zum ewigen Leben. Die Freiheit der Kinder Gottes ist eine tiefe Geborgenheit im Kreis seiner Liebe. Jeden Tag, an dem wir leben, ist Jesus bei uns. Und an dem Tag, an dem wir sterben, sind wir bei Jesus. In dieser Gewißheit kann man richtig leben, selig sterben und fröhlich auferstehen.
Hinter der Wand des Schicksals sehen wir nicht alle Einzelheiten und Zusammenhänge. Viele Fragen nach dem Warum werden bleiben. Aber auch hinter dieser Wand sehen wir einen großen Trost. Gott bleibt in seiner Lebensmacht Herr über jedes Schicksal. Kein Schicksal, mag es noch so hart und grausam, schwer und unbegreiflich sein, kann die Liebe Gottes zu uns hindern. Gott kommt mit uns zu seinem Ziel. Und keine Macht der Welt wird ihn davon abhalten können. Die Widrigkeiten des Lebens, die schweren Führungen bleiben letztlich alle in Gottes Gewalt. Sie dürfen uns anfechten, aber nicht zerdrücken.

Schicksale verkürzen den irdischen Lebensraum, aber nicht die Auswirkungen der göttliche Liebe. Gott schenkt uns ein von ihm her ganz erfülltes Leben, auch wenn sich unsere Wünsche und Träume so nicht erfüllen lassen. Gottes Liebe garantiert und gewährt die Krönung und Vollendung auch eines schweren und kurzen, leidvollen und verwundeten Lebens. Über alle lebensfeindlichen Mächte ist Jesus der Herr, der große Freund unseres Lebens. Das ist unsere Hoffnung. Jesus sagt: „In der Welt habt ihr Angst, aber seid getrost, ich habe die Welt überwunden!"
So gewollt und erwartet, getröstet und geborgen werden wir als Gottes Kinder frei, frei für ein Leben unter seiner Fürsorge, frei für die vertrauensvolle Hingabe an ihn, den besten Liebhaber des Lebens. Glückliches Leben, das frei hat! Es verschenkt sich dem, der es auffängt und bewahrt, ans Ziel bringt und vollendet.
Gott hat uns in Liebe gemacht. Aber wir sind im Abwenden von Gott in die Gefangenschaft der Sünde und des Todes geraten. Darum geht Gott uns den langen Weg in die Verlorenheit nach und trägt unsere Sünde fort. Die Liebe Jesu lockt uns aus Angst und Bedrohung heraus und lädt uns in die Freiheit des Glaubens ein.
So wie wir damals die wunderbare Befreiung durch die Fürsorge unserer Mütter erlebt haben, habe ich einige Jahre später auch die Befreiung aus dem Gefängnis meines Eigenlebens in die Lebensbeziehung zu Jesus erfahren. In einer bewußten Entscheidung habe ich mein Leben Jesus übergeben. Er hat mich aus der Macht des Verderbens herausgelöst und mich in sein Lebensnetz eingebunden.
Jeder Mensch sollte auf die Liebe Jesu mit der Hingabe seines Lebens antworten, um die Befreiung zu einem erfüllten Leben hier und einem ewigen Leben dort zu empfangen. Wenn Sie diesen Schritt in die Freiheit tun möchten, können Sie etwa beten:
Himmlischer Vater, ich danke dir für das Leben. Du kennst mich und liebst mich, Du siehst meinen Lebensweg zwischen Geburt und Tod, Schicksal und Schuld. Du kommst mir in Jesus

nahe und lockst mich in seiner Liebe heraus. Ohne dich bin ich verloren. Aber du öffnest die Tür, indem du meine Lebensschuld trägst.
Herr Jesus Christus, vergib mir alle meine Sünden durch die Macht deines Blutes und die Kraft deiner Liebe. Ich entsage dem Teufel und allen seinen Werken. Ich übergebe mein Leben dir. Sei du der Herr meiner Jahre und Wege, meiner Gedanken und Pläne. Ich lege mich mit allem, was ich bin, in deine Hand und bitte dich, du wollest mein Leben führen und bewahren, segnen und vollenden.
Heiliger Geist, gib mir die Gewißheit, zu Gott zu gehören, und die Kraft, bei ihm zu bleiben. Laß mich, von deiner Macht getrieben, frei sein für Gott und treu sein im Glauben.
Lob und Dank, Ehre und Preis sei dir, dem dreieinigen Gott, Vater, Sohn und Heiligem Geist. Amen.
Glückliches Leben, das frei hat von tödlichen Zwängen und Diktaten, frei hat für die Liebe und die Hoffnung, frei hat für die Erfüllung und Vollendung bei Gott. Halleluja!

Drei Wünsche

Johann Peter Hebel

Ein junges Ehepaar lebte recht vergnügt und glücklich beisammen und hatte den einzigen Fehler, der in jeder menschlichen Brust daheim ist: wenn man's gut hat, hätt man's gerne besser. Aus diesem Fehler entstehen so viele törichte Wünsche, woran es unserm Hans und seiner Liese auch nicht fehlte. Bald wünschen sie des Schulzen Acker, bald des Löwenwirts Geld, bald des Meyers Haus und Hof und Vieh, bald einmal hunderttausend Millionen bayerische Taler kurzweg. Eines Abends aber, als sie friedlich am Ofen saßen und Nüsse aufklopften und schon ein tiefes Loch in den Stein hineingeklopft hatten, kam durch die Kammertür ein weißes Weiblein herein, nicht mehr als eine Elle lang, aber wunderschön von Gestalt und Angesicht, und die ganze Stube war voll Rosenduft. Das Licht löschte aus, aber ein Schimmer wie Morgenrot, wenn die Sonne nicht mehr fern ist, strahlte von dem Weiblein aus und überzog alle Wände. Über so etwas kann man nun doch ein wenig erschrecken, so schön es aussehen mag. Aber unser gutes Ehepaar erholte sich doch bald wieder, als das Fräulein mit wundersüßer, silberreiner Stimme sprach: „Ich bin eure Freundin, die Bergfei Anna Fritze, die im kristallenen Schloß mitten in den Bergen wohnt, mit unsichtbarer Hand Gold in den Rheinsand streut und über siebenhundert dienstbare Geister gebietet. Drei Wünsche dürft ihr tun; drei Wünsche sollen erfüllt werden.“ Hans drückte den Ellenbogen an den Arm seiner Frau, als ob er sagen wollte: „Das lautet nicht übel.“ Die Frau aber war schon im Begriff, den Mund zu öffnen und etwas von ein paar Dutzend goldgestickten Kappen, seidenen Halstüchern und dergleichen zur Sprache zu bringen, als die Bergfei sie mit aufgehobenem Zeigefinger warnte: „Acht Tage lang“, sagte sie, „habt ihr Zeit. Bedenkt euch wohl, und übereilt euch nicht.“ „Das ist kein Fehler“, dachte der Mann und legte seiner Frau die Hand auf den Mund. Das Bergfräulein aber verschwand. Die Lampe brannte wie vorher, und statt des Rosendufts zog wieder wie eine Wolke am Himmel der Ölduft durch die Stube.

So glücklich nun unsere guten Leute in der Hoffnung schon zum voraus waren und keinen Stern mehr am Himmel sahen, sondern lauter Baßgeigen, so waren sie jetzt noch recht übel dran, weil sie vor lauter Wunsch nicht wußten, was sie wünschen wollten, und nicht einmal das Herz hatten, recht daran zu denken oder davon zu sprechen, aus Furcht, es möchte für gewünscht passieren, ehe sie es genug überlegt hätten. „Nun“, sagte die Frau, „wir haben ja noch Zeit bis zum Freitag.“

Des andern Abends, während die Grundbirn zum Nachtessen in der Pfanne prasselten, standen beide, Mann und Frau, vergnügt an dem Feuer beisammen, sahen zu, wie die kleinen Feuerfünklein an der rußigen Pfanne hin und her züngelten, bald angingen, bald auslöschten, und waren ohne ein Wort zu reden, vertieft in ihrem künftigen Glück. Als sie aber die gerösteten

Grundbirn aus der Pfanne auf das Plättlein anrichtete und ihr der Geruch lieblich in die Nase stieg: – „Wenn wir jetzt nur ein gebratenes Würstlein dazu hätten", sagte sie in aller Unschuld und ohne an etwas anderes zu denken, und – o weh, da war der erste Wunsch getan. Schnell, wie ein Blitz kommt und vergeht, kam es wieder wie Morgenrot und Rosenduft untereinander durch den Kamin herab, und auf den Grundbirn lag die schönste Bratwurst. – Wie gewünscht, so geschehen. – Wer sollte sich über einen solchen Wunsch und seine Erfüllung nicht ärgern? Welcher Mann über solche Unvorsichtigkeit seiner Frau nicht unwillig werden? „Wenn dir doch nur die Wurst an der Nase angewachsen wäre", sprach er in der ersten Überraschung, auch in aller Unschuld und ohne an etwas anderes zu denken – und wie gewünscht, so geschehen. Kaum war das letzte Wort gesprochen, so saß die Wurst auf der Nase des guten Weibes fest, wie angewachsen im Mutterleib, und hing zu beiden Seiten hinab wie ein Husarenschnauzbart.

Nun war die Not der armen Eheleute erst recht groß. Zwei Wünsche waren getan und vorüber, und noch waren sie um keinen Heller und um kein Weizenkorn, sondern nur um eine böse Bratwurst reicher. Noch war ein Wunsch zwar übrig. Aber was half nun aller Reichtum und alles Glück zu einem solchen Nasenzierat der Hausfrau? Wollten sie wohl oder übel, so mußten sie die Bergfei bitten, mit unsichtbarer Hand Barbiersdienste zu leisten und Frau Liese wieder von der vermaledeiten Wurst zu befreien. Wie gebeten, so geschehen, und so war der dritte Wunsch auch vorüber, und die armen Eheleute sahen einander an, waren der nämliche Hans und die nämliche Liese nachher wie vorher, und die schöne Bergfei kam niemals wieder.

Merke: Wenn dir einmal die Bergfei also kommen sollte, sei nicht so geizig, sondern wünsche Numero eins: Verstand, daß du wissen mögest, was du Numero zwei: wünschen solltest, um glücklich zu werden. Und weil es leicht möglich wäre, daß du alsdann etwas wähltest, was ein törichter Mensch nicht hoch anschlägt, so bitte noch Numero drei: um beständige Zufriedenheit und keine Reue.

Oder so:
Alle Gelegenheit, glücklich zu werden, hilft nichts, wer den Verstand nicht hat, sie zu benutzen.

Die drei Fragen

Leo Tolstoi

Es dachte einmal ein König, nichts könnte ihm mißglücken, wenn er nur immer die Zeit wüßte, in der er ein Werk zu beginnen habe, und wenn er immer wüßte, mit welchen Menschen er sich einlassen solle und mit welchen nicht, und wenn er immer wüßte, welches von allen Werken das wichtigste sei.
Es kamen gelehrte Männer zum König und gaben ihm mancherlei Antworten auf seine Fragen. Auf seine erste Frage antworteten die einen, um für jedes Werk die rechte Zeit zu wissen, müsse man vorher eine Einteilung für den Tag, den Monat und das Jahr aufstellen und sich streng an das halten, was für den einzelnen Tag festgesetzt ist. Andere sagten wieder anders.
Ebenso verschieden lautete die Antwort auf die zweite Frage. Die einen sagten, die dem König unentbehrlichsten Männer seien die Staatsmänner, andere, die Priester und Seher. Die dritten erklärten, es seien die Ärzte, und die vierten behaupteten, es seien die Krieger.
Auf die dritte Frage, welches das wichtigste Werk sei, antworteten die einen, das sei die Wissenschaft, die andern sprachen, die Kriegskunst, wieder andere nannten die Gottesverehrung. Alle Antworten waren verschieden. Daher paßte dem König keine einzige von ihnen, und er belohnte niemand. Um aber ganz genaue Antworten auf seine Fragen zu erhalten, entschloß er sich, einen Einsiedler zu befragen, dessen Weisheit in großem Rufe stand.
Der Einsiedler lebte im Wald, verließ seine Wohnstätte nie und empfing nur einfache Leute. Darum zog der König ein schlichtes

Gewand an, stieg vom Pferd weit vor der Klause des Einsiedlers, ließ sein Gefolge zurück und ging allein durch den Wald. Als der König sich dem Einsiedler näherte, grub dieser vor seiner Hütte die Beete um. Er erblickte den König, begrüßte ihn und grub ruhig weiter. Er war mager und schwach und keuchte schwer, indem er den Spaten in die Erde stieß und die kleinen Schollen umwandte.

Der König trat an ihn heran und sprach: „Ich bin zu dir gekommen, weiser Einsiedler, um dich zu bitten, mir drei Fragen zu beantworten:

Welches ist die Zeit, die man einhalten muß und nicht versäumen darf, um hinterher nichts bereuen zu müssen?

Welche Leute sind die unentbehrlichsten? Mit welchen Leuten muß man sich also mehr, mit welchen weniger befassen?

Welche Werke sind die wichtigsten, und welches von allen Werken muß daher zuerst getan werden?"

Der Einsiedler hörte dem König zu, antwortete aber nicht. Er spuckte in die Hände und begann wieder zu arbeiten.

„Du bist erschöpft", sagte der König, „gib mir den Spaten, und setze dich auf die Erde."

„Danke", erwiderte der Einsiedler, reichte dem König den Spaten und setzte sich auf die Erde nieder.

Als der König zwei Beete umgegraben hatte, hielt er inne und wiederholte seine Fragen. Der Einsiedler antwortete nicht, stand auf und streckte die Hände nach dem Spaten aus.

Der König aber gab den Spaten nicht her und fuhr fort zu graben. Es verging eine Stunde, eine zweite, die Sonne begann hinter den Bäumen zu verschwinden, da steckte der König den Spaten in die Erde und sagte: „Ich bin zu dir gekommen, weiser Mann, um auf meine Fragen eine Antwort zu erhalten. Wenn du nicht antworten kannst, so sag es doch, dann will ich nach Hause gehen."

„Sieh einmal, da kommt jemand gelaufen", sprach der Einsiedler, „laß sehen, wer das ist."

Der König sah, daß in der Tat aus dem Walde ein bärtiger Mann gelaufen kam. Der hielt die Hände vor dem Leib, und zwischen den Fingern sickerte Blut hervor. Als er bis zum König gelangt war, fiel er zu Boden, lag unbeweglich da und ächzte leise. Der König und der Einsiedler öffneten die Kleider des Mannes. In seinem Leib war eine tiefe Wunde. Der König wusch sie, so gut er konnte, und verband sie mit seinem Taschentuch und mit einem Handtuch des Einsiedlers. Aber das Blut hörte nicht auf zu strömen, und der König nahm zu wiederholten Malen den mit warmem Blut durchtränkten Verband ab, wusch die Wunde von neuem und verband sie wieder. Als das Blut endlich gestillt war, kam der Verwundete zu sich und bat um Wasser. Der König trug frisches Wasser herbei und gab dem Verwundeten zu trinken.

Inzwischen war die Sonne untergegangen, und es war kühl geworden. Mit Hilfe des Einsiedlers trug der König den Verwundeten in die Klause und legte ihn aufs Bett. Der Verwundete schloß die Augen und wurde still. Der König aber war so ermüdet, daß er, auf der Schwelle zusammengekauert, ebenfalls einschlief. Als er am Morgen erwachte, konnte er lange nicht begreifen, wo er war und wer dieser sonderbare bärtige Mann war, der auf dem Lager ausgestreckt lag und ihn unausgesetzt mit leuchtenden Augen ansah.

„Verzeih mir", sprach der bärtige Mann, als er bemerkte, daß der König erwacht war und ihn anblickte.

„Ich kenne dich nicht und habe dir nichts zu verzeihen", erwiderte der König.

„Du kennst mich nicht, aber ich kenne dich. Ich bin dein Feind, jener Feind, der geschworen hat, an dir Rache zu nehmen, weil du meinen Bruder hingerichtet und meine Güter genommen hast. Ich habe dich töten wollen, und du hast mir das Leben gerettet. Von nun an, wenn ich am Leben bleibe, und wenn es dir recht ist, will ich dir als dein treuester Sklave dienen, und auch meinen Söhnen will ich das zu tun befehlen. Verzeihe mir!"

Der König war sehr froh darüber, daß es ihm so leicht gelungen war, sich mit seinem Feind auszusöhnen, und er verzieh ihm nicht nur, sondern versprach auch, ihm seine Güter zurückzugeben und ihm außerdem seine Diener und seinen Arzt zu schikken. Als er sich von dem Verwundeten verabschiedet hatte, trat

der König hinaus auf die Vortreppe und suchte mit seinen Augen den Einsiedler. Er war draußen bei den Beeten, die er gestern umgegraben hatte, kniete am Boden und säte Gemüsesamen.
Der König trat an ihn heran und sprach: „Zum letztenmal, du weiser Mann, bitte ich dich, meine Fragen zu beantworten!"
„Aber du hast ja deine Antwort schon bekommen!" erwiderte der Einsiedler. Er richtete sich auf und sah den König an.
„Ich sollte Antwort bekommen haben?" fragte der König.
„Natürlich", erwiderte der Einsiedler. „Hättest du gestern nicht Mitleid mit meiner Schwachheit gehabt und diese Beete umgegraben, sondern wärst du allein zurückgegangen, so hätte dieser Mann dich überfallen, und du hättest bereut, daß du nicht bei mir geblieben bist. Somit war die richtige Zeit jene, als du die Beete umgrubst, und ich war der wichtigste Mann, und das wichtigste Werk war, mir Gutes zu tun.
Dann, als jener Mann angelaufen kam, war die wichtigste Zeit, seiner zu pflegen, denn sonst hätte er sich verblutet, ohne daß er sich mit dir versöhnt hätte. Er war für dich der wichtigste Mensch, und das, was du ihm getan hast, war das wichtigste Werk.
Merke dir – die wichtigste Zeit ist nur eine: der Augenblick. Nur über ihn haben wir Gewalt. Der unentbehrlichste Mensch ist der, mit dem uns der Augenblick zusammenführt; denn niemand kann wissen, ob er noch je mit einem anderen zu tun haben wird. Das wichtigste Werk ist, ihm Gutes zu erweisen – denn nur dazu ward der Mensch ins Leben gesandt."

Die drei Gaben

Legende

Kaum hatten die drei vornehmen Gäste aus dem Morgenland, die gekommen waren, anzubeten und dem Kind ihre Gaben zu bringen, auf höheren Befehl Bethlehem verlassen, nahten sich drei andere Gestalten. Sie kamen ohne Gefolge, unauffällig und unansehnlich. Ihr Gang war schleppend, mühsam setzten sie Schritt vor Schritt. Ihre müden Gesichter waren sehr vom Staub bedeckt, daß man ihre Farbe kaum erkennen konnte. Waren sie gelb, braun, schwarz oder weiß?

Der erste von ihnen ging in Lumpen einher und schaute hungrig und durstig umher. Hohle Augen, die zuviel Leid gesehen hatten, saßen in den tiefen Höhlen.

Der zweite ging vornüber geneigt. Er trug an den Händen Ketten. Vom langen Tragen und von der weiten Reise war er wundgescheuert an Händen und Füßen.

Der dritte hatte wirre Haare, verzweifelte Augen und einen unsteten und suchenden Blick, als ob er nach etwas Verlorenem Ausschau hielte.

Die Leute, die um das Haus des Neugeborenen herumstanden, waren schon vielerlei Besucher gewohnt. Dennoch wichen sie scheu zurück, als sie diese drei Gestalten sich nahen sahen. Sie waren zwar selber lauter arme, unvermögende Leute – aber so elend und verwahrlost wie sie sah doch keiner von ihnen aus. Sie rückten scheu und unwillig zusammen und schienen beinahe einen Gürtel um das Haus zu legen, um die drei am Eintritt zu hindern.

Auch sahen sie, daß sie nichts auf sich trugen, das sie als Gabe hätten abgeben können. Waren sie etwa gekommen, um etwas zu holen? Mancher dachte an das Gold, das von den eben Weggezogenen im Haus niedergelegt worden war. Jeder hatte davon erzählen hören. Hatten vielleicht auch diese etwas vom Gold vernommen? Immer stärkeres Gemurmel erhob sich gegen die seltsamen Ankömmlinge.

Da wurde von innen die Türe geöffnet. Joseph trat heraus. Einige riefen ihm empört zu, daß schlechtes Gesindel zum Kind kommen möchte, was er doch gewiß nicht zulassen könne. Er beschwichtigte sie und sprach: „Zu diesem Kind hat jedermann Zutritt – arm oder reich, elend oder vornehm, anständig oder unanständig, vertrauenswürdig oder verdächtig. Es gehört nie-

mandem allein. Nicht einmal uns, seinen Eltern. Laßt sie herein!"
Verwundert über die Worte Josephs bahnte man den dreien eine schmale Gasse. Er führte sie hinein. Die Tür blieb offen. Wer konnte, drängte sich hinzu, um die seltsame Begegnung von nahem mitzuerleben. Einigen wenigen wurde bewußt, daß sie vor kurzem ebenso armselig vor das Kind getreten waren.
Nun standen die drei vor der Krippe und betrachteten lange und stumm das Kind. Bei diesem Anblick wußte keiner mehr, wer ärmer war: das Kind auf dem Strohlager oder seine Betrachter. Alle schienen in dieselbe Niedrigkeit eingetaucht und eingeschmolzen zu sein – der in den Lumpen, der mit der Kette, der mit dem traurigen Blick und das Kind.
Da brach Joseph das Schweigen. Er fühlte, daß er der am reichsten Beschenkte war, und es drängte ihn, seinen großen Dank für das Empfangene nun auch diese Armseligen spüren zu lassen. In einer Nische der Wand neben der Krippe leuchteten die drei Gaben, welche die vornehmen Besucher hingelegt hatten. Er hob sie auf und streckte sie den Fremden entgegen: dem Zerlumpten das Gold, dem Gefesselten die Myrrhensalbe und dem Traurigen den Weihrauch. Und er sprach zum ersten: „So wie ich es ansehe, bedarfst du am ehesten des Goldes. Kaufe dir damit Nahrung und Kleider. Ich habe einen Beruf und werde meine Familie auch ohne Gold ernähren können."
Und zum zweiten sprach er: „Ich kann dir zwar deine Ketten nicht abnehmen, aber siehe, diese Salbe wird deinen geschundenen Händen und Füßen wohltun."
Und zum dritten sprach er: „Nimm diesen Weihrauch. Sein Wohlgeruch wird deine Trauer zwar nicht vertreiben, aber veredeln und wird deine Seele erquicken."
Alles geriet in Bewegung. „Er verschenkt alles, was er an Kostbarem für das Kind erhalten hat!" flüsterten sich alle zu und konnten angesichts der drei Elenden solche Sorglosigkeit fast nicht verstehen. Grenzte diese Verschwendung nicht an Beraubung des Kindes?
Doch die drei schüttelten einmütig Hände und Köpfe. Der erste

antwortete: „Ich danke dir für dein großes Angebot. Aber sieh mich an! Wer auf mir Gold findet, wird mich sogleich als Dieb verdächtigen. Ich habe für andere Gold aus der Erde gegraben und selber nie besessen. Behalte es für dein Kind. Du wirst es bald brauchen können, und dir wird man es ohne Mißtrauen abnehmen."

Der zweite antwortete: „Ich habe mich an meine Wunden gewöhnt. Ich bin an ihnen zäh und stark geworden. Behalte die Myrrhe für dein Kind. Wenn es geschundene Hände und Füße haben wird, kann sie ihm helfen."

Der dritte antwortete: „Ich komme aus der Welt der Religionen und Philosophien. Ich bin an ihnen irre geworden. Ich glaube nichts mehr. In der Wüste des Denkens habe ich Gott verloren. Was soll mir da der Weihrauch? Er würde nur meine Zweifel umnebeln. In seinem blauen religiösen Dunst würde er mir nur leere Bilder vorgaukeln. Aber er könnte mir Gott nicht ersetzen."

Alle entsetzten sich über diese Worte und über die Zurückweisung der Geschenke. Auch Maria und Joseph bedeckten ihre Gesichter mit den Händen. Nur das Kind lag da, mit unbedeckten, offenen Augen. Die drei traten ganz nahe zu ihm hin und sprachen: „Du bist nicht aus der Welt des Goldes, der Myrrhe und des Weihrauchs – so wenig wie wir. Du gehörst in unsere Welt der Not, der Plage und des Zweifels. Darum bringen wir dir dar, was uns und dir gemeinsam ist." Der erste nahm einige seiner Lumpen und legte sie auf das Stroh. Und er sprach: „Nimm meine Lumpen. Du wirst sie einst tragen, wenn sie dir deine Kleider nehmen und du allein und nackt sein wirst. Gedenke dann meiner."

Der zweite nahm eine seiner Ketten und legte sie ihm neben die Hand. „Nimm meine Fesseln. Sie werden dir passen, wenn du älter sein wirst. Man wird sie dir einst umlegen, wenn man dich wegführt. Denke dann an mich."

Der dritte beugte sich tief über das Kind und sprach: „Nimm meinen Zweifel und meine Gottverlassenheit. Ich habe sonst nichts. Ich kann sie allein nicht tragen. Sie sind mir zu schwer.

Teile sie mit mir. Nimm sie ganz in dich auf, schreie sie aus und trage sie vor Gott hin, wenn du soweit sein wirst."
Tief erschrocken hielt Maria die Hände abwehrend über das Kind. Lautes Gemurmel drang durch das Haus und durch die Tür: „Jagt sie fort! Sie legen einen Fluch auf das Kind!" Joseph griff in die Krippe, um Lumpen und Fesseln von ihm wegzunehmen. Aber sie ließen sich nicht aufheben. Es war, als ob sie mit dem Kind verwachsen wären. Das Kind aber lag da, mit offenen Augen und Ohren zu den drei Männern hingewendet.
Nach langem Schweigen erhoben sie sich. Sie streckten sich aus, als ob etwas Schweres von ihnen gefallen wäre. Sie hatten den Ort gefunden, wo sie ihre Last hatten niederlegen können. Sie wußten, daß bei diesem Kind alles in treuen Händen bewahrt und bis zuletzt hindurchgehalten würde: die Not, die Plage und die Gottverlassenheit. Mit zuversichtlichem Blick und festem Schritt traten sie aus dem Haus, hinaus in ihr begrenztes und mitgetragenes Elend.

Der König, der zum Abfall vom Glauben zwang oder Vom Stier und vom Lamm

Rabbi Nachman von Bratzlaw

Es war einmal ein König, der Verbannung über alle jene verhängte, die nicht bereit waren, ihren Glauben aufzugeben. Wer im Land bleiben wollte, mußte abschwören und sich taufen lassen. Wer sich weigerte, so hieß es, der würde vertrieben.
Einige verzichteten auf Hab und Gut und verließen arm das Land, um ihrem Glauben treu bleiben und als Juden leben zu können. Anderen tat es um Besitz und Reichtum leid, so daß sie im Land blieben und zu Marranen wurden. Da ihnen untersagt

war, ihre Religion auszuüben, lebten sie insgeheim nach jüdischer Sitte.

Der König starb, und sein Sohn folgte ihm auf dem Thron. Er begann das Land mit harter Hand zu regieren, eroberte einige Länder und war sehr klug. Da er gegen seine Minister streng und unnachgiebig war, taten sie sich zusammen und verschworen sich gegen ihn, um ihn zu überfallen, zu töten und seine Nachkommen auszurotten. Unter diesen Ministern war ein Marrane. Er sagte sich: „Warum bin ich zum Marranen geworden? Weil es mir um meinen Besitz und Reichtum leid tat. Wenn aber das Land ohne König sein wird, werden die Menschen einander bei lebendigem Leib verschlingen, denn ohne König kann kein Land bestehen."

Er faßte den Entschluß, zum König zu gehen und ihm den Plan der Minister aufzudecken. Er hinterbrachte dem König, seine Minister hätten sich gegen ihn verschworen. Der König forschte nach, ob etwas Wahres daran sei, und erkannte, daß es sich wirklich so verhielt, wie der Marrane gesagt hatte. Er stellte Wachen auf, und in der Nacht des Komplotts wurden die Minister gefaßt. Jeder erhielt seine verdiente Strafe. Dann wandte sich der König an den Minister, der Marrane war, und fragte ihn:

„Welche Ehre kann ich dir dafür erweisen, daß du mich und meine Nachkommen gerettet hast? Soll ich dich zum Minister machen? Du bist bereits Minister. Soll ich dir Reichtum geben? Du verfügst darüber. Sage mir, welche Ehre du wünschest, und ich werde sie dir erweisen." Der Marrane erwiderte: „Wirst du wirklich tun, was ich erbitten werde?" Der König antwortete: „Ja. Ich werde deine Bitte erfüllen." Der Marrane sprach: „Schwöre bei deiner Krone und deinem Reich!" Der König tat den Schwur.

Da sagte der Marrane: „Die größte Ehre ist, Jude sein zu können. Ich möchte öffentlich Gebetsmantel und Gebetsriemen tragen dürfen."

Der König wurde sehr zornig. Im ganzen Land waren Juden nicht geduldet, doch sein Schwur ließ ihm keine Wahl. Am nächsten Morgen trug der Marrane öffentlich Tallit und Tefillin.

Später starb der König, und sein Sohn wurde König an seiner Statt. Da er wußte, daß man seinen Vater hatte umbringen wollen, regierte er das Land mit Güte. Ihm gelangen viele Eroberungen, und er war sehr, sehr weise. Er ließ alle Sterndeuter zusammenrufen; die sollten ihm verkünden, was seine Nachkommen in Gefahr bringen könnte, damit sie davor auf der Hut seien. Die Sterndeuter weissagten ihm, wenn die Nachkommen sich nur vor Stier und Lamm in acht nähmen, würden sie nicht zugrunde gehen. Der König ließ dies in seine Annalen schreiben. Er gebot seinen Kindern, das Land mit der gleichen Güte zu regieren, wie er es getan hatte - und starb.
Sein Sohn wurde König und regierte mit harter Hand und mit Gewalt, so wie es sein Großvater getan hatte. Er eroberte viele Länder und ersann einen klugen Plan. Auch ließ er bekannt machen, in seinem Lande dürfe es weder Stier noch Lamm geben, damit seine Nachkommen nicht ausgelöscht würden. Er dachte bei sich: „Jetzt fürchte ich nichts mehr." Fortan regierte er mit der größten Strenge. Er wurde überaus weise und verfiel auf einen klugen Plan, wie die ganze Welt ohne Krieg zu erobern sei.
Die Welt hat sieben Regionen, da sie sich in sieben Teile gliedert. Es gibt sieben Planeten. Jeder Planet bescheint einen der sieben Teile der Welt. Es gibt sieben Metalle (d. h. siebenerlei Eisenarten wie Gold, Silber, Kupfer, Zink usw.), und jeder der sieben Planeten leuchtet in einem der sieben Metalle. Der König ging daran, alle sieben Metalle zu sammeln. Er befahl, ihm goldene Abbilder aller Könige zu bringen, wie sie in ihren Palästen hängen. Daraus formte er einen Menschen: den Kopf aus Gold, den Rumpf aus Silber und die Gliedmaßen aus den anderen Metallen, so daß alle sieben in ihm enthalten waren. Er stellte diesen Menschen auf einen hohen Berg, und alle sieben Planeten erstrahlten in ihm. Bedurfte nun jemand eines Rates oder plante ein Geschäft und war unsicher, ob er es abschließen sollte oder nicht, trat er vor das Glied, das aus dem Metall des Weltteils gemacht war, aus dem er stammte. Er dachte über seine Angelegenheiten nach. Wenn er das ausführen sollte, was

er im Sinn hatte, leuchtete der entsprechende Körperteil auf und strahlte; wenn nicht, verdunkelte er sich.
Auf diese Weise häufte der König sehr viel Geld an und eroberte die ganze Welt.
Allerdings war das Menschenbild dazu nur unter einer Bedingung tauglich: Der König mußte die Mächtigen erniedrigen und die Niedrigen erhöhen. Daher befahl der König alle Generäle und andere Inhaber von Amt und Würden zu sich. Alle kamen, und alle wurden abgesetzt. Er nahm selbst denen Ämter und Vorrechte, die schon seinem Urgroßvater gedient hatten. An ihrer Statt erhöhte er die Niedrigen und setzte sie in die Ämter ein. Unter den Abgesetzten war auch jener Marrane. Der König fragte ihn nach seinem Amt und seinen Vorrechten. Er gab ihm zur Antwort: „Mein einziges Vorrecht ist, offen als Jude zu leben, wegen des Dienstes, den ich deinem Großvater erwiesen habe." Der König nahm ihm das Recht, so daß er wieder zum Marranen wurde.
Eines Nachts hatte der König einen Traum. Er sah den Himmel hell und klar und erblickte alle zwölf Zeichen des Tierkreises. (Eins ist wie ein Lämmchen, das ist das Zeichen des Monats Nissan. Das Zeichen des Monats Ijar ist ein Stier, und so hat jeder für jeden Monat sein Zeichen.) Der König sah, daß der Stier und das Lamm ihn verlachten. Er erwachte in großem Zorn und fürchtete sich sehr. Er ließ die Annalen herbeibringen und fand darin verzeichnet, daß durch Stier und Lamm seine Nachkommen vernichtet werden würden. Da überkam ihn große Furcht, und er erzählte der Königin davon, und auch sie und ihre Kinder fürchteten sich sehr. Sein Herz war unruhig, und er rief alle Traumdeuter zu sich. Jeder von ihnen deutete den Traum auf seine Weise, aber ihre Stimme drang nicht an sein Ohr. Große Furcht lag auf ihm.
Da kam ein Weiser zu ihm und sagte, sein Vater habe ihm folgendes überliefert: Die Sonne hat dreihundertfünfundsechzig Bahnen, und es gibt einen Ort, auf den alle dreihundertfünfundsechzig zugleich scheinen. An diesem Ort wächst ein eiserner Stamm. Wenn nun jemand, der voll Furcht ist, dorthin gelangt,

wird er von ihr befreit. Das gefiel dem König und beruhigte ihn. Er, seine Frau, seine Kinder und all seine Nachkommen machten sich auf den Weg zu jenem Ort. Der Weise begleitete sie. Auf dem Weg steht ein Engel, gesetzt über den Zorn. Denn durch den Zorn erschafft man einen Verderberengel, und jener Engel ist über alle Verderber gesetzt. Diesen Engel fragt man nach dem Weg, denn es gibt einen geraden Weg, der gut für den Menschen ist, und einen Weg voll Schlamm und einen Weg voller Gruben und Fallen und noch andere Wege mehr. Einen Weg gibt es, auf dem brennt ein Feuer. Es verbrennt einen schon auf vier Meilen Entfernung. (Sie fragten den Engel nach dem Weg, und er wies ihnen den Weg des Feuers.) Sie gingen diesen Weg.

Der Weise hielt stets Ausschau nach dem Feuer, denn er wußte davon durch seinen Vater. Als er das Feuer erblickte, sah er Könige und Juden mit Tallit und Tefillin durch das Feuer gehen. (Die Könige gingen unbeschadet durch das Feuer, da in ihren Ländern Juden lebten.) Der Weise sprach zum König: „Ich habe eine Überlieferung, nach der man vier Meilen vom Feuer entfernt verbrennt. Ich will darum nicht weitergehen. Du, wenn du gehen willst, geh."

Der König dachte sich, auch er könnte dorthin gehen, da er doch auch andere Könige in dem Feuer erblickte. Der Weise wiederholte seine Worte: „Ich habe eine Überlieferung von meinem Vater. Ich will nicht weitergehen. Du, wenn du gehen willst, geh." Der König und seine Nachkommen gingen weiter. Das Feuer ergriff sie, und sie verbrannten; so wurde sein ganzes Haus vernichtet.

Als der Weise nach Hause zurückkehrte, waren die Minister sehr verwundert darüber, daß der König und sein ganzes Haus umgekommen waren, hatte er sich doch vor Stier und Lamm in acht genommen. Wie hatte es da geschehen können, daß er und sein ganzes Haus vernichtet worden waren?

Da nahm der Marrane das Wort: „Sie wurden durch mich vernichtet. Die Sterndeuter sahen etwas, aber sie verstanden es nicht. Aus der Haut des Stiers werden die Tefillin und aus der

Wolle des Lamms die Schaufäden des Tallit gemacht. Ihretwegen wurden der König und sein Haus vernichtet. Die Könige, in deren Ländern Juden wohnen, die Gebetsmantel und Gebetsriemen anlegen, konnten ohne Schaden durchs Feuer gehen. Dieser aber wurde samt seinem Hause vernichtet, weil die Juden in seinem Land Tallit und Tefillin nicht tragen durften. Darum verlachten ihn der Stier und das Lamm im Tierkreis. Die Sterndeuter sahen es, verstanden es aber nicht. Darum kamen der König und sein ganzes Haus mit ihm um.“

Denn, Herr, die großen Städte sind
verlorene und aufgelöste;
wie Flucht vor Flammen ist die größte, –
und ist kein Trost, daß er sie tröste,
und ihre kleine Zeit verrinnt.

Da leben Menschen, leben schlecht und schwer,
in tiefen Zimmern, bange von Gebärde,
geängsteter denn eine Erstlingsherde;
und draußen wacht und atmet deine Erde,
sie aber sind und wissen es nicht mehr.

Da wachsen Kinder auf an Fensterstufen,
die immer in demselben Schatten sind,
und wissen nicht, daß draußen Blumen rufen
zu einem Tag voll Weite, Glück und Wind, –
und müssen Kind sein und sind traurig Kind.

Da blühen Jungfraun auf zum Unbekannten
und sehnen sich nach ihrer Kindheit Ruh;
das aber ist nicht da, wofür sie brannten,
und zitternd schließen sie sich wieder zu.
Und haben in verhüllten Hinterzimmern
die Tage der enttäuschten Mutterschaft,
der langen Nächte willenloses Wimmern
und kalte Jahre ohne Kampf und Kraft.

Und ganz im Dunkel stehn die Sterbebetten,
und langsam sehnen sie sich dazu hin;
und sterben lange, sterben wie in Ketten
und gehen aus wie eine Bettlerin.

Rainer Maria Rilke

****

Die kleinen Leute von Swabeedoo

Anonymus

Vor langer, langer Zeit lebten kleine Leute auf der Erde. Die meisten wohnten im kleinen Dorf Swabeedoo und nannten sich Swabeedoo-dahs. Sie waren sehr glücklich und liefen herum mit einem Lächeln bis hinter die Ohren und grüßten jedermann.

Was die Swabeedoo-dahs am meisten liebten, war, einander warme weiche Fellchen zu schenken. Ein jeder trug über seiner Schulter einen Beutel, und der Beutel war gefüllt mit weichen Fellchen. So oft sich Swabeedoo-dahs trafen, gab gewöhnlich der eine dem anderen ein Fellchen. Nun ist es besonders schön, jemandem ein warmes weiches Fellchen zu geben: es sagt dem anderen, er sei etwas Besonderes; es ist eine Art zu sagen: „Ich mag dich." Und selbstverständlich ist es sehr erfreulich, ein solches Fellchen zu bekommen. Wenn man dir ein Fellchen anbietet, wenn du es nimmst und fühlst, wie warm und flaumig es an deiner Wange ist, und du es sanft und leicht in deinen Fellchen-Beutel legst, dann ist es wundervoll. Du fühlst dich anerkannt und geschätzt, wenn jemand dir ein weiches Fellchen gibt. Und du möchtest ihm ebenfalls etwas Schönes tun. Die kleinen Leute von Swabeedoo gaben gerne weiche Fellchen und bekamen gerne weiche Fellchen, und ihr gemeinsames Leben war ohne Zweifel sehr glücklich.

Außerhalb des Dorfes, in einer kalten dunklen Höhle, wohnte ein großer grüner Kobold. Er wollte eigentlich nicht alleine wohnen, und manchmal war er einsam. Er schien aber mit niemandem auszukommen, und irgendwie mochte er es nicht, warme, weiche Fellchen auszutauschen. Er hielt es für einen großen Unsinn. Eines Abends ging der Kobold in das Dorf und traf einen kleinen freundlichen Swabeedoo-dah.

„War heute nicht ein schöner Swabeedoo-dah-Tag?" sagte die kleine Person lächelnd. „Hier nimm ein warmes weiches Fell-

chen; dieses ist ein besonderes, ich habe es eigens für dich aufbewahrt, weil ich dich so selten sehe."
Der Kobold schaute um sich, ob niemand anderer ihnen zuhörte. Dann legte er seinen Arm um den kleinen Swabeedoo-dah und flüsterte ihm ins Ohr: „Hör mal, weißt du denn nicht, daß, wenn du alle deine Fellchen weggibst, sie dir dann an einem deiner schönen Swabeedoo-dah-Tage ausgehen?"
Er bemerkte plötzlich einen erstaunten Blick und Furcht im Gesicht des kleinen Mannes, und während der Kobold in den Fellchen-Beutel hineinschaute, fügte er hinzu: „Jetzt, würde ich sagen, hast du kaum mehr als 217 weiche Fellchen übrig. Sei lieber vorsichtig mit dem Verschenken!"
Damit tappte der Kobold auf seinen großen grünen Füßen davon und ließ einen verwirrten und unglücklichen Swabeedoo-dah zurück. Der Kobold wußte, daß ein jeder der kleinen Swabeedoo-dahs einen unerschöpflichen Vorrat an Fellchen besaß. Gibt man nämlich jemandem ein Fellchen, so wird es sofort durch ein anderes ersetzt, so daß einem sein ganzes Leben lang niemals die Fellchen ausgehen. Doch der Kobold verließ sich auf die gutgläubige Natur der kleinen Leute – und noch auf etwas anderes, das er bei sich selbst entdeckt hatte. Er wollte herausfinden, ob es auch in den kleinen Swabeedoo-dahs steckt.
Auf diese Weise belog der Kobold also den kleinen Mann, kehrte zurück in seine Höhle und wartete.
Es dauerte nicht lange. Der erste, der vorbeikam und der den kleinen Swabeedoo-dah grüßte, war ein guter Freund von ihm, mit dem er schon viele weiche Fellchen ausgetauscht hatte. Dieser stellte mit Überraschung fest, daß er nur einen befremdenden Blick erhielt, als er seinem Freund ein Fellchen gab. Dann wurde ihm geraten, auf seine abnehmenden Fellchen-Vorräte zu achten, und sein Freund verschwand ganz schnell.
Und jener Swabeedoo-dah bemerkte drei anderen gegenüber am selben Abend noch: „Es tut mir leid, aber ich habe kein warmes weiches Fellchen für dich. Ich muß aufpassen, daß sie mir nicht ausgehen."
Am nächsten Tag hatte sich die Neuigkeit im ganzen Dorf

herumgesprochen. Jedermann hatte plötzlich begonnen, seine Fellchen aufzuheben. Man verschenkte zwar immer noch welche, aber sehr, sehr vorsichtig. „Unterscheide!“ sagten sie. Die kleinen Swabeedoo-dahs begannen einander mißtrauisch zu beobachten und verbargen ihre Beutel mit den Fellchen während der Nacht vorsichtigerweise unter ihrem Bett. Streitigkeiten brachen darüber aus, wer die meisten Fellchen hat, und schon bald begannen die Leute, weiche Fellchen für Sachen einzutauschen, anstatt sie einfach zu verschenken. Der Bürgermeister von Swabeedoo stellte fest, daß die Zahl der Fellchen begrenzt sei, rief die Fellchen als Tauschmittel aus, und schon bald zankten sich die Leute darüber, wieviel ein Mahl oder eine Übernachtung im Hause eines jeden kosten soll. Es gab sogar einige Fälle von Raub wegen Fellchen. An manchen dämmrigen Abenden war man draußen nicht mehr sicher, an Abenden, an denen die Swabeedoo-dahs früher gern in Parks und auf den Straßen spazierengingen und einander grüßten, um sich weiche warme Fellchen zu schenken.

Das Schlimmste von allem – an der Gesundheit der kleinen Leute begann sich etwas zu ändern. Viele beklagten sich über Schmerzen in Schultern und Rücken, und mit der Zeit befiel mehr und mehr kleine Swabeedoo-dahs eine Krankheit, bekannt als Rückgraterweichung. Sie liefen gebückt umher und in den schlimmsten Fällen bis zum Boden gebückt. Ihre Fellchen-Beutel schleiften sie bis auf dem Boden. Viele Leute im Dorf fingen an zu glauben, daß das Gewicht des Beutels die Ursache der Krankheit sei und daß es besser wäre, sie zu Hause einzuschließen. Binnen kurzem konnte man kaum noch einen Swabeedoodah mit einem Fellchen-Beutel antreffen.

Zuerst war der Kobold mit dem Ergebnis seiner Lüge zufrieden. Er hatte herausfinden wollen, ob die kleinen Leute auch so fühlen und handeln würden wie er, wenn er selbstsüchtige Gedanken pflegte. Und er fühlte sich erfolgreich, so wie die Dinge liefen. Wenn er nun in das Dorf ging, grüßte man ihn nicht länger mit einem Lächeln und bot ihm auch keine weichen Fellchen an. Statt dessen starrten ihn die kleinen Leute mißtrauisch an, so wie sie auch einander anstarrten. Und ihm war es

auch lieber so. Für ihn bedeutete dies, der Wirklichkeit ins Auge zu schauen: „So ist die Welt“, pflegte er zu sagen.
Mit der Zeit ereigneten sich aber schlimmere Dinge. Vielleicht wegen der Rückgraterweichung, vielleicht auch deshalb, weil ihnen niemals jemand ein weiches Fellchen gab, starben einige der kleinen Leute. Nun war alles Glück aus dem Dorf Swabeedoo verschwunden – und es betrauerte das Dahinscheiden seiner kleinen Bewohner. Als der Kobold davon hörte, sagte er zu sich selbst: „Mein Gott, ich wollte ihnen nur zeigen, wie die Welt wirklich ist. Ich habe ihnen nicht den Tod gewünscht.“ Er überlegte, was man jetzt machen könne, und erdachte einen Plan. Tief in seiner Höhle hatte der Kobold eine geheime Mine von kalten stacheligen Steinen entdeckt. Er hatte Jahre damit verbracht, die stacheligen Steine aus dem Berg zu graben, denn er liebte deren kaltes und prickeliges Gefühl – und er blickte gerne auf den wachsenden Haufen kalter stacheliger Steine, im Bewußtsein, daß sie alle ihm gehörten. Er entschloß sich, sie mit den Swabeedoo-dahs zu teilen. So füllte er Hunderte von Säcken mit den kalten stacheligen Steinen und nahm sie mit ins Dorf.
Als die Leute die Säcke mit den Steinen sahen, waren sie froh und nahmen sie dankbar an. Nun hatten sie wieder etwas, was sie sich schenken konnten. Das einzig Unangenehme war, daß es nicht so viel Spaß machte, kalte stachelige Steine zu verschenken, wie warme weiche Fellchen. Einen stacheligen Stein zu geben war gleichsam eine Art, dem anderen die Hand zu reichen – aber nicht so sehr aus Freundschaft und Liebe. Auch einen stacheligen Stein zu bekommen, war mit einem eigenartigen Gefühl verbunden. Man war nicht ganz sicher, was der Geber meinte, denn schließlich waren die Steine kalt und stachelig. Es war nett, etwas von dem anderen zu erhalten, aber man blieb verwirrt und oft mit zerstochenen Fingern zurück. Wenn ein Swabeedoo-dah ein warmes weiches Fellchen bekam, sagte er gewöhnlich „Wow“, wenn ihm aber jemand einen kalten stacheligen Stein reichte, gab es gewöhnlich nichts anderes als ein „Ugh“.

Einige der kleinen Leute begannen wieder, einander warme weiche Fellchen zu geben, und jedesmal, wenn ein Fellchen geschenkt wurde, machte es den Schenkenden und den Beschenkten wirklich sehr glücklich. Vielleicht war es nur deshalb so ungewöhnlich, von jemandem ein warmes weiches Fellchen geschenkt zu bekommen, weil so viele kalte stachelige Steine ausgetauscht wurden. Das Schenken von Fellchen wurde nie mehr Mode in Swabeedoo. Nur wenige der kleinen Leute entdeckten, daß sie fortfahren konnten, einander warme weiche Fellchen zu schenken, ohne daß ihre Vorräte ausgingen. Die Kunst, Fellchen zu schenken, wurde nicht von vielen gepflegt. Das Mißtrauen steckte tief in den Leuten von Swabeedoo.
Man konnte es aus ihren Bemerkungen hören:

- Weiche Fellchen? Was steckt wohl dahinter?
- Ich weiß niemals, ob meine warmen weichen Fellchen auch wirklich geschätzt werden.
- Ich habe ein warmes weiches Fellchen gegeben und bekam dafür einen kalten stacheligen Stein.
- Man weiß nie, woran man ist; jetzt ein weiches Fellchen und im nächsten Augenblick ein stacheliger Stein.
- Gibst du mir keinen stacheligen Stein, dann geb' ich dir auch keinen. Okay?
- Ich möchte meinem Jungen ein warmes weiches Fellchen geben, aber er verdient es nicht.
- Manchmal frage ich mich, ob Großvater noch Fellchen auf der Bank hat.

Wahrscheinlich wäre jeder Bürger von Swabeedoo gern zurückgekehrt zu jenen früheren Tagen, als das Schenken und Beschenktwerden von warmen weichen Fellchen noch üblich war. Manchmal dachte solch ein kleiner Mann bei sich, wie schön es doch wäre, von jemandem ein warmes weiches Fellchen zu bekommen, und in Gedanken ging er hinaus und begann, jedem ein warmes weiches Fellchen zu schenken wie in den alten Tagen. – Aber etwas hielt ihn stets davon zurück. Gewöhnlich war es einfach dies, daß er hinausging und sah, „wie die Welt wirklich war".

Der Tod und der Gänsehirt

Janosch

Einmal kam der Tod über den Fluß, wo die Welt beginnt. Dort lebte ein armer Hirt, der eine Herde weißer Gänse hütete. „Du weißt, wer ich bin?“ fragte der Tod. „Ich weiß, du bist der Tod, ich habe dich auf der anderen Seite hinter dem Fluß oft gesehen.“ „Du weißt, daß ich hier bin, um dich zu holen und dich mitzunehmen auf die andere Seite des Flusses?“ „Ich weiß, aber das wird noch lange sein.“ – „Oder wird nicht lange sein. Sag, fürchtest du dich nicht?“ „Nein“, sagte der Hirt, „ich habe immer über den Fluß geschaut, seitdem ich hier bin, ich weiß, wie es dort ist.“ – „Gibt es nichts, was du mitnehmen möchtest?“ „Nichts, denn ich habe nichts.“ „Nichts, worauf du noch wartest?“ – „Nichts, denn ich warte auf nichts.“ – „Dann werde ich jetzt weitergehen und dich auf dem Rückweg holen. Brauchst du noch etwas, wünschst du dir noch was?“ „Brauche nichts, hab alles“, sagte der Hirt. „Ich habe eine Hose und ein Hemd und ein Paar Winterschuhe und eine Mütze. Ich kann Flöte spielen, das macht lustig. Meine Gänse verstehen nicht viel von Musik.“
Als der Tod nach langer Zeit wiederkam, gingen viele hinter ihm her, die er mitgebracht hatte, um sie über den Fluß zu führen. Da war ein Reicher dabei, ein Geizhals, der Zeit seines Lebens wertvolles und wertloses Zeug an sich gerafft hatte: Klamotten, auch Gold und Aktien und fünf Häuser mit etlichen Etagen. Der Mann jammerte und zeterte: „Noch fünf Jahre hätte ich gebraucht, und ich hätte noch fünf Häuser mehr gehabt. So ein Unglück, so ein Unglück verfluchtes!“ Das war schlimm für ihn. Ein Rennfahrer war unter ihnen, der Zeit seines Lebens trainiert hatte, um den großen Preis zu gewinnen. Fünf Minuten hätte er noch gebraucht bis zum Sieg. Da erwischte ihn der Tod. Ein Berühmter war dabei, dem ein Orden gefehlt hatte, nur ein einziger Orden, für den er Jahre aufgewendet hatte, da holte ihn der Bruder Tod. Das war schlimm für ihn. Dann war da ein junger Mensch, der hatte an seiner Braut gehangen, denn sie waren

ein Liebespaar gewesen, und keiner konnte ohne den anderen leben. Ein schönes Fräulein war dabei mit langen Haaren. Und viele Reiche, die jetzt nichts mehr besaßen, und noch mehr Arme, die jetzt auch nichts mehr besaßen, was sie gerne hätten haben wollen. Ein alter Mann war freiwillig mitgegangen. Aber auch er war nicht froh, denn siebzig Jahre waren vergangen, ohne daß er das bekommen hatte, was er hatte haben wollen. Schlimm für sie alle. Als sie an den Fluß kamen, wo die Welt aufhört, saß dort der Hirt. Und als der Tod ihm die Hand auf die Schulter legte, stand er auf, ging mit über den Fluß, als wäre nichts, und die andere Seite hinter dem Fluß war ihm nicht fremd. Er hatte Zeit genug gehabt, hinüberzuschauen, er kannte sich hier aus, und die Töne waren noch da, die er immer auf der Flöte gespielt hatte; er war sehr fröhlich. Das war schön für ihn.

Er räumte die Steine weg

Marianne Kaindl

Matteo bückt sich nieder zu den dunklen Rosen. Schön sind sie und fast schon so hoch wie die Holzkreuze, vor die Matteo sie gepflanzt hat.
Sie verströmen ihren Duft in der Kühle des Morgens, übertönen mit ihren Farben die Botschaft des Todes, von der die Kreuze künden. Und wer weiß, was sie sonst noch überwuchern in ihrer glutroten Fülle.
Vielleicht weiß es Matteo?
Er hat sich aufgerichtet und blickt über den Friedhof, der ihm vertraut ist wie sein Garten, hinüber zur Stadt. Auf steinerne Mauern und Podeste gestützt, bekrönt sie mit ihren schlanken Türmen und uraltem Gemäuer den Berg. Weit dehnt sich das Bergland in der Morgensonne, noch unberührt vom Lärm des Tages. Bald wird er beginnen, da unten auf der Straße, wo die vielen Autos und Autobusse mit den Urlaubern rollen, schnell vorüber, fernen Zielen entgegen.

Niemand von ihnen hat sich wieder zu Matteo verirrt – wie damals die Fremde. Sie hatte sich von Matteo durch den ganzen Friedhof führen lassen. Sie hatte einen großen Strauß Rosen in den Armen getragen. Sie war eine alte Frau gewesen, wie Matteo gebeugt unter der Last des Lebens, ausgetrocknet von Sonne und Wind. Er hatte sie durch den Friedhof geführt wie eine Verwandte, sich auf eine seltsame Weise von Anfang an mit ihr verbunden gefühlt.

Sie waren vorbeigegangen an den prächtigen Marmorgrüften entlang der Mauer. Hinter dieser Platte schlafe Rosita, die Wirtin der Trattoria, die zuviel gelacht, getrunken und geliebt habe. Und dort Ricardo, der Krämer, ein Geizhals, der von all seinem errafften Reichtum keine Lira hatte mitnehmen können, um sich loszukaufen von dem letzten Gericht. Ja – und da die kleine Michaela, die nicht älter wurde als drei Jahre, ein Sonnenstrahl, der vorüberhuschte und wieder unterging im großen Dunkel.

Sieben Zypressen bewachen das Grabmal dort mit dem Säuleneingang. Wie dunkle Flammen schießen sie in den flimmernden Himmel. Längst wären die Blumenrabatten verwildert, hätte Matteo sie nicht gepflegt – aus Gefälligkeit sozusagen. Die alte Frau hatte gelächelt. „Oder aus Menschlichkeit!" hatte sie gesagt. Sie sprach übrigens mit einem harten Akzent. Vielleicht war sie irgendwo aus den Bergen im Norden. „Viele reiche Leute gibt es hier", hatte sie weiter gesagt, „ich frage mich nur, wo die Armen ..." Matteo hatte auf den Rasen gedeutet, der, von Gebüschen umsäumt, die Mitte des Friedhofs füllt.

Ja, hier liegen sie alle, dicht aneinandergedrängt und beengt auch im Tode, so wie sie es ihr Leben lang gewöhnt gewesen sind, und Gras deckt sie alle mit der gleichen ärmlichen Decke. Aber selbst diese Armengräber waren noch reich geschmückt gegen jene Holzkreuze dort in der Friedhofsecke, von denen die meisten nur eine Nummer tragen. Hier war die Erde hart, ohne Gras, ohne Pflanze. Steine waren auf sie geworfen worden, aufgetürmt, und es war, als schrien diese Steine zum Himmel empor und klagten über die Unversöhnlichkeit der Menschen.

Die Fremde hatte die Hände aufs Herz gelegt bei diesem Anblick. Selbst ihre Lippen waren blaß geworden. „Wer liegt dort?" hatte sie leise gefragt.
Matteo hatte ausgespuckt. Ja, das hatte er getan, Gott möge es ihm verzeihen! „Die Deutschen sind es", hatte er gesagt. „Sie sind in unsere Stadt eingedrungen und haben unsere Leute an die Wand gestellt - auch meinen Sohn Pietro - erschossen als Partisanen - meinen Ältesten. Und dann haben wir sie totgeschlagen."
Matteo hatte sich die Tränen aus den Augen gewischt, Tränen des Schmerzes, Tränen des Hasses. Die Frau war vor einem dieser Kreuze niedergesunken. Sie hatte die Hände in die Erde verkrallt, als wollte sie den aufwecken, der da unten lag in unzerstörbarem Schlaf. Die Blumen waren ihr entfallen, und es war, als schämten sie sich ihrer Schönheit vor der nackten Erde. Sie stieß verzweifelte Rufe aus – in einer fremden Sprache und doch verständlich, die uralte Klage der Mutter um ihren Sohn.
Nie wieder wird Matteo diesen Anblick vergessen. Es war ihm damals wie Schuppen von den Augen gefallen. Diese Deutschen, die er so gehaßt, die der Krieg in diese Stadt geführt hatte, sie waren nicht allein die Würgeengel, die Zerstörer – nein, sie waren Menschen wie Matteo und Pietro. Und jenseits der Unerbittlichkeit des Krieges hatte in ihrer Heimat die Liebe auf sie gewartet. Angst, Hoffnung und schließlich der untröstbare Schmerz. Diese Frau weinte um ihren Sohn, wie Matteo und seine Frau um Pietro geweint hatten.
Er hatte sich niedergebückt, während die Frau noch immer auf dem Boden kniete, und hatte begonnen, die Steine, die er selbst auf die Gräber geworfen hatte, wegzuräumen. „Pietro", hatte er gedacht, „du wirst verstehen, was ich tue."
Da war die Frau aufgestanden. Mit einem fast kindlichen Staunen hatte sie Matteo zugesehen. „Ich danke dir, Matteo!" hatte sie gesagt. „Ich weiß, daß es nicht leicht für dich ist, was du da tust. Ich bitte dich, laß hier Blumen wachsen, damit sie die Erde verdecken und den Haß."

Seitdem hatte Matteo begonnen, auf diesen geschändeten Gräbern Rosen zu pflanzen. Nun waren sie fast schon so hoch wie die Kreuze, und der Haß in Matteos Herz ist verschwunden.

Die Geschichte von Daniel und den Löwen in der Grube

Klaus-Peter Hertzsch

Ihr lernt jetzt einen König kennen,
den wollen wir Darius nennen.

Sein Reich war ganz unglaublich groß:
er kannte selbst die Hälfte bloß;

denn eh man eine weit entfernte
Reichshälfte sah und kennenlernte,

da hatte man bestimmt indessen
die andere schon längst vergessen.

So war Darius außerstande,
sein Werk zu tun im ganzen Lande;

denn solch ein König hat alleine
auch nur zwei Hände und zwei Beine.

Er stellte also Männer an,
die ständig nach dem Rechten sahn.

In allen Städten und Bezirken,
da sah man sie mit Eifer wirken:

die Unterfürsten, Landesführer,
die Stellvertreter und Kassierer.

Auch die Entferntesten und Letzten
bekamen ihren Vorgesetzten.

Das Königsschloß war riesengroß,
voll von Kanzleien und Büros.

Und dort – das kann man ja verstehn –
war ständig Kommen oder Gehn.

Auf Treppen sah man und auf Gängen
sich Boten und Beamte drängen.

Da schritten, stolz und aufgebläht,
die Räte Seiner Majestät.

Und drinnen saßen – grau vor Alter –
des Reiches oberste Verwalter.

Doch weiter hinten im Palast,
da gab es weder Lärm noch Hast.

Da saß, umfunkelt von Juwelen,
der König selbst in seinen Sälen.

Er trat hinaus in seine Gärten
und lauschte dort den Hofkonzerten.

Die Simse säumten goldne Vasen.
Springbrunnen sprangen aus dem Rasen.

Auch eine Tierschau war zu haben:
die Löwengrube, tief gegraben.

Dort blieb der König manchmal stehen,
um sich die Löwen anzusehen.

Er sah, wie sie an heißen Tagen
dort unten unbeweglich lagen.

Er sah sie plötzlich rasselnd gähnen
und wütend schütteln ihre Mähnen,

dann wieder auf und nieder trabend
vom frühen Morgen bis zum Abend.

Und wurden sie zur Nacht gefüttert,
war vom Gebrüll das Schloß erschüttert.

So ging es zu von Jahr zu Jahr,
als der Darius König war.

Nun gab es einen Mann im Land,
den er besonders tüchtig fand,

so daß er ihn erhob und ehrte,
bis er zum höchsten Rat gehörte.

Denn Oberfürsten gab es drei,
und dieser Mann war auch dabei.

Dem glückte alles, was er machte,
so daß Darius manchmal dachte:

Am besten, ich ernenn ihn gleich
zum Obersten im ganzen Reich.

Der Mann war Daniel benannt
und kam aus einem fernen Land.

Aus Juda kam er, aus der Stadt,
wo Gottes Haus gestanden hat,

wo man Gott liebte und verehrte
und schon die Kleinsten beten lehrte.

Er war nun schon seit langen Zeiten
hier unter all den fremden Leuten.

Doch lag auch Juda weit entfernt:
er hielt, was er als Kind gelernt.

Denn dreimal pünktlich jeden Tag,
was auch auf seinem Schreibtisch lag,

er ließ die ganze Arbeit stehen,
um eilig in sein Haus zu gehen.

Dort stieg er hoch bis unters Dach
in ein besonderes Gemach.

Sein Fenster war dahin gewandt,
wo irgend fern der Tempel stand.

Hier sprach er Psalmen und Gebete,
sang Lob und klagte seine Nöte.

Danach im Schloß getrost und heiter
versah er seine Arbeit weiter.

So ging es zu von Jahr zu Jahr,
als Daniel am Hofe war.

Nun aber Daniels Kollegen:
die fingen an, sich aufzuregen.

Sie tuschelten. Sie warn empört.
Sie zischten: „Hast du's schon gehört?

Der König will – es ist zum Lachen –
den Daniel zum Kanzler machen!"

Und all die anderen Beamten,
die sämtlich aus der Gegend stammten,

die schimpften laut und ungehemmt:
„Der kommt vom Ausland! Der ist fremd!"

Sie alle wünschten sich von Herzen,
ihn bei Darius anzuschwärzen.

Sie gaben ständig auf ihn acht,
ob er nicht was Verkehrtes macht';

gleich wollten sie zum König eilen,
um es ihm schleunigst mitzuteilen.

Sie hofften, daß er einmal lüge
und fremde Gelder unterschlüge,

daß er das Wichtigste vergäße,
sein Frühstück bei der Arbeit äße,

daß er es morgens mal verschlafe
oder den falschen Mann bestrafe.

Doch wie sie ihn auch überwachten,
wie sie reihum den Spitzel machten:

die Arbeit ging ihm von der Hand,
daß man nichts auszusetzen fand.

Da sprach ein finsterer Geselle:
„Der Mann hat eine schwache Stelle,

sein Beten wird der niemals lassen,
und dabei müßten wir ihn fassen!"

„Gut", riefen sie, „so wird's gemacht!"
Ein böser Plan war bald erdacht.

Sie rannten allesamt zum König.
Sie standen krumm und untertänig.

Und einer sprach: „Wir, die gesamten
Reichsvögte und Palastbeamten,

wir dachten, es ist an der Zeit,
daß du in aller Herrlichkeit

grad wie ein Gott und Himmelsfürst
ab heute angebetet wirst.

Und die Vernünftigen im Reiche,
die denken hoffentlich das gleiche.

Darum erlasse dies Gebot,
daß dem die Löwengrube droht,

der in den nächsten dreißig Tagen
Gebet und Bitte sollte wagen

zu irgend jemand außer dir.
Dies unterschreib! Es steht schon hier.“

Man gab ein Blatt ihm in die Hand,
wo alles drauf geschrieben stand

und obenan mit breiter Feder:
„Gesetz der Perser und der Meder.“

Das hieß: wenn er es unterschrieb,
daß es für immer gültig blieb.

Darius war von ihrem Plan
geschmeichelt – also angetan.

Viel Grübeln war ihm widerwärtig:
er unterschrieb – und damit fertig.

Nun warn sie alle hocherfreut
und hatten ihre Neuigkeit.

Der Hofklatsch sorgte für Verbreitung
viel schneller als bei uns die Zeitung.

Als Daniel davon erfuhr,
stand alles rum und grinste nur.

Doch er gab nichts auf ihren Spott.
Er sprach: „Ein König ist kein Gott.“

Und mittags ging er heim wie immer.
Er stieg nach oben in sein Zimmer,

er sagte Psalmen und Gebete,
sang Lob und klagte seine Nöte.

Die Männer aus den Staatskanzlein,
die schlichen aber hinterdrein.

Sie polterten die Treppe rauf.
Und plötzlich flog die Türe auf.

Es wurde hinter ihm gezischt:
„Jawohl, wir haben ihn erwischt!"

Nun wurden Köpfe reingestreckt,
und jeder rief: „Er ist entdeckt!"

Die Tür schlug zu. Die Männer gingen.
Und Daniel fuhr fort zu singen.

Danach im Schloß getrost und heiter
versah er seine Arbeit weiter.

Die andern schilderten natürlich
dem König alles ganz ausführlich.

Der klagte: „Ach, wie ihr frohlockt!
Was hab ich mir da eingebrockt!"

Obgleich den ganzen Nachmittag
er ihnen in den Ohren lag,

sie sagten störrisch: „Einerlei!
Du hast's bestimmt. Nun bleibt's dabei.

Und darum muß der Lotterbube
noch heute in die Löwengrube."

Die Sonne sank. Sie drängten nun.
Darius konnte nichts mehr tun.

„Ich hab's nun einmal unterschrieben:
was hilft's, die Sache aufzuschieben!"

Die Wache kam. Er gab Befehl.
Bald brachten sie den Daniel.

Der König sprach: „Hätt ich gewußt,
daß grade du dran glauben mußt,

ich hätte besser nachgedacht
und niemals dies Gesetz gemacht.

Gott aber riefst du dreimal täglich.
Der kennt dich doch. Es ist doch möglich,

daß er dir jetzt zur Seite steht.
Vielleicht bewahrt dich dein Gebet."

Nun führten sie den treuen Beter
davon wie einen Übeltäter.

Und alle staunten, als er schwieg
und fröhlich zu den Löwen stieg.

Ja, er verschwand nach kurzer Zeit
dort unten in der Dunkelheit.

Doch bei den Tieren blieb es still.
Man hörte drunten kein Gebrüll.

Die Grube schloß ein großer Stein:
Man konnte weder raus noch rein.

Der ward verkettet und verriegelt
und mit dem Königsring gesiegelt.

Beim Weg des Königs zum Palast
versagten ihm die Beine fast.

Sein Abendessen stand bereit,
doch er aß nichts vor Traurigkeit.

Und all die schönen jungen Damen,
die sonst am Abend zu ihm kamen,

die tanzten und die Flöte bliesen,
sie wurden draußen abgewiesen.

Er schlief nicht oder träumte schwer,
er warf im Bett sich hin und her.

Er hat mit Angst die ganze Nacht
an seinen Daniel gedacht.

Was aber machte der indessen?
Ganz friedlich hat er dagesessen,

er sagte Psalmen und Gebete,
sang Lob und hatte keine Nöte,

indes die Löwen ihn umschlichen
und sanft an seine Knie strichen.

Dazwischen aber ungesehn
hört' er die Engel Gottes gehn.

Und wunderbar gelang es diesen,
die Löwenrachen zu verschließen.

Die Mähnen rings bewegten sich.
Die großen Tiere legten sich.

Sie lauschten, und der Beter sang.
Die Nacht war ihnen gar nicht lang.

Und Gottes gute Boten fuhren
hinab zu seinen Kreaturen.

Schon zeigte sich die Morgenröte,
und Daniel sprach Dankgebete.

Und auch der König sah den Morgen.
Doch er erhob sich voller Sorgen.

Er hielt es nicht mehr länger aus,
trat in die Dämmerung hinaus

und lief beim ersten Morgengrauen,
um nach dem Daniel zu schauen,

rief kläglich durch den stillen Park,
und seine Stimme ging ans Mark:

„Mein Daniel! Gib einen Laut!
Half dir dein Gott, dem du vertraut?"

Er lauschte, ob der andre riefe.
Und Daniel sprach aus der Tiefe:

„Sei ruhig! Ich bin unversehrt.
Der Herr hat mein Gebet erhört,

wie er sich in der ganzen Welt
den Betern an die Seite stellt."

Dem König war es wie im Traum.
Er traute seinen Ohren kaum.

Denn plötzlich hatte er erkannt:
Dies war wahrhaftig Gottes Hand.

Er schrieb im nächsten Reichsbefehl:
„Groß ist der Gott des Daniel.

Er ist ein Helfer und Erretter
und herrlicher als alle Götter."

Die bösen Hofbeamten trafen
natürlich die verdienten Strafen.

Als erstes aber ward befohlen,
den Gottesmann heraufzuholen.

Die Morgensonne brach hervor,
da zog man Daniel empor.

Ein Vogel rief. Die Löwen brüllten.
Die Gärten sich mit Leben füllten.

Es kam ein schöner Tag in Sicht.
Der Beter sang im Morgenlicht.

Die ganze Schöpfung war erhellt
und lobte Gott, den Herrn der Welt.

Als die Schranke fiel

Cosilla Maria Lakott

Als Mrs. Harrings im französischen Wallfahrtsort Lourdes ankam, fühlte sie sich beeindruckt durch den Anblick der großen Menschenmassen, die alle Straßen und Winkel mit der Vielfalt eines ungeheuren völkischen Gemisches erfüllten. Man sah Trachten aus den verschiedensten Nationen, ein babylonisches Sprachengewirr erfüllte die Hotelhallen. Menschen aller Rassen waren hier vertreten. Mrs. Harrings kam sich verloren und einsam vor, wie immer, wenn sie in einem lebhaften Menschenstrom wandern mußte. Sie beschloß, sich sofort auf eine stille Insel zu retten.

Zum Glück war ihr in der Fremdenpension lange zuvor telegrafisch ein Einzelzimmer zugesichert worden. Als sie sich beim Portier meldete, mußte sie ein Weilchen warten. Sie wich einen Schritt zurück. Vor ihr stand eine Negerin und bat in ihrem gutturalen (kehligen) Englisch Aufnahme für sich und ihr krankes Kind. Der Portier nickte freundlich. Er wußte Bescheid. Gewiß. Zimmer acht war frei.

Mrs. Harrings fuhr der Schreck durch die Glieder. Sie hatte doch die Nummer acht zugesichert bekommen. Sollte sie Bett an Bett mit einer Schwarzen wohnen? Der Portier hob die Schultern. „Pardon, Madame, es war nicht anders zu machen. Sie sehen ja wohl selbst, daß alles überfüllt ist. Da müssen wir jeden Raum nützen." Mrs. Harrings schlug das Herz bis zum Hals, sie zwang ihre Erregung nieder, wartete einige Augenblikke, bis die Schwarze vorübergegangen war, und sagte dann: „Das ist unmöglich, ich habe in meinem ganzen Leben noch nicht mit einer Farbigen in einem Raum gewohnt. Wissen Sie, was Sie mir zumuten?"

Der Mann sah sie ruhig an. „Madame, ich vermittle Ihnen keine schlechte Gesellschaft. Die Schwarze ist die Frau eines großen Häuptlings in Afrika, unter ihresgleichen eine Person von Rang, und außerdem katholisch wie Sie und ich."

Mrs. Harrings war den Tränen nahe. „Sie verstehen mich nicht, Monsieur, Sie sind eben Franzose! Wie können Sie ermessen, was es für eine Amerikanerin bedeutet, mit einer Schwarzen in enge Berührung zu kommen? Wenn ich das nur geahnt hätte! Aber was tut man nicht alles aus Liebe zu seinem kranken Kind?" Der Portier wartete, bis sich die Dame etwas beruhigt hatte, dann meinte er: „Ganz recht, auch die Schwarze hat ein krankes Kind. Keine Sorge, es wird Sie nicht stören. Die Kleine ist drei Jahre alt und total gelähmt. "

Mrs. Harrings kamen die Tränen. „Das tut mir ja leid; mein eigenes Kind liegt in Washington mit Kinderlähmung danieder. Darum bin ich hier. Es war natürlich transportunfähig für die weite Flugreise. Aber deswegen kann ich nicht mit einer Negerin gemeinsam wohnen."

Der Portier verlor die Geduld nicht. „Es handelt sich nur um drei Nächte", korrigierte er gelassen, „und da ist ohnehin alles schwarz, Madame. Bei Tag werden Sie wohl ebenso wie die Häuptlingsfrau unterwegs sein. Wir kennen das. Also, wollen Sie das Zimmer oder ..." Mrs. Harrings trocknete sich die Tränen. „Natürlich muß ich es nehmen, sonst kann ich ja draußen übernachten in der Menschenmenge."

Geknickt ließ sie sich zu ihrem Zimmer geleiten. Als sie hineinkam, saß die Negerin auf ihrem Bett und kaute an einer undefinierbaren Mahlzeit. Auch das noch! Jetzt stand sie auf, ergriff den bunten Wandschirm und stellte ihn so vor sich, daß die Amerikanerin ihre braunen, in Sandalen steckenden Füße darunter hervorkommen sah.

Gott sei Dank, sie hatte wenigstens einen Schimmer von Verständnis dafür, was in ihr vorging. Wenn sie sich geräuschlos verhielt, konnte man sogar die Illusion aufrechterhalten, man sei allein. Nein, die Negerin störte nicht. Sie hatte weder Gepäck auszupacken, noch machte sie irgendwelche Anstalten, sich vom Reisestaub zu reinigen. Mäuschenstill verhielt sie sich. Mrs. Harrings legte sich nieder, ihre Nerven entspannten sich. Schon nach wenigen Augenblicken schlief sie ein.

Als sie aufwachte, war es bereits Morgen. Ja, todmüde war sie

gewesen von der Flugreise, der anschließenden Autobusfahrt von Paris nach Lourdes und den Aufregungen. Sie setzte sich auf – nebenan war alles lautlos, als sei die Schwarze gestorben. Ehe Mrs. Harrings ihr Zimmer verließ, um die Frühmesse zu besuchen, warf sie doch einen Blick hinter den Wandschirm. Da saß die Negerin zusammengekauert vor dem Bett auf dem Fußboden und bewachte wie ein regungsloses Wesen den Schlaf eines Kindes, dessen dunkles Köpfchen scharf vom weißen Kissen abstach. Hatte sie auf der Erde – ja, es mußte so sein: auf der Erde geschlafen oder gewacht – was wußte sie?
Leise und seltsam bedrückt ging sie hinaus. Nun, das würde sich bei der Grotte ändern. Vielleicht fand sie eine tiefe Erbauung, wenn sie die berühmte Krankensegnung am Nachmittag miterlebte. Damit tröstete sie sich. Aber auch dort sah sie nur das Elend der Menschen vor sich ausgebreitet, die verzehrende Sehnsucht nach Heilung – wurde sie erfüllt?
Der Priester mit dem Allerheiligsten segnete jeden Kranken. Die Amerikanerin beobachtete genau, aber nichts Aufsehenerregendes ereignete sich. Dann schlich sie weg zur heiligen Quelle: schöpfte und trank mit Leere im Herzen, füllte eine Flasche für Eve, ihr Kind. Innerlich war sie wie ausgebrannt. Wie konnte sie da ihrem Kind helfen? Nein, nur nicht zurück in ihr Zimmer, am Ende war die Schwarze bereits wieder dort. Sie wollte noch einmal zur Grotte zurück. Vielleicht war es abends stärker. Doch als sie kam, hatten sich wieder Beter in Mengen dort vereint. Nur mühsam gelang es ihr, vorwärtszukommen. Ein Priester betete vor, stimmte ein Lied an, alle sangen. Plötzlich wurde die Amerikanerin angerührt durch eine glockenklare, jubelnde Frauenstimme von solcher Leichtigkeit und Schönheit, daß sie irgendeine berühmte Sängerin vermutete und sich umwandte. Fast entsetzt schaute sie in das Gesicht der Negerin, das vor Hingebung schimmerte. In ihren Armen hielt sie das kranke Kind und sang – sang, als sei ihre Seele ein Lied geworden. Mrs. Harrings senkte den Kopf. Wie war es möglich? Wie kam eine Wilde an so eine Stimme, und warum in aller Welt sang sie mit diesem Gesichtsausdruck, während ihr Kind doch offensichtlich so krank war wie zuvor?

Der Geistliche beendete die Andacht und öffnete das Gitter. Sofort strömten die Menschen nach vorn. Auch Mrs. Harrings wurde mitgeschoben. Nun konnte sie ganz nahe vor die Füße der Statue treten. Da wandte sie sich halb um; die Negerin blieb demütig vor den Weißen zurück. In diesem Augenblick zersprang etwas im Innern der Amerikanerin. Sie ging rasch, nahm die Schwarze bei der Hand und sagte mit weicher Stimme: „Kommen Sie, meine Liebe. Bitte, hier ist Platz für Sie."
Sie führte die Negerin bis unter die Statue. Da stand sie regungslos, mit emporgewandtem Gesicht und schimmernden Augen, als sänge ihre Seele noch. Und plötzlich mußte die Amerikanerin weinen, und ihr Herz quoll über vom Gebet für Eve, für sich – nein, auch für jene, für die Negerin und das Kind.
Was war geschehen? Sie kannte sich selbst nicht mehr und kniete nieder. Die Schranke fiel ...
Später in ihrem Zimmer räumte sie den Wandschirm weg, sprach lange mit der Schwarzen, mütterlich und gut, woher sie komme, wie lange sie gereist sei mit dem kranken Kind. Oh, nicht lange, nur drei Monate zu Fuß, ja, von Afrika über Spanien bis hierher. „Und nun?" fragte die Amerikanerin erschüttert, „müssen Sie wieder zurückwandern zu Fuß, ganz allein? Und ohne Heilung gefunden zu haben für Ihr Kind?"
Die Negerin lächelte. „Oh, Mrs. Harrings, ich kam ja nicht, um zu bitten, sondern um zu danken. Ja, dafür, daß mein Mann Christ wurde; einige Jahre zuvor hätte er das krankgeborene Kind noch unweigerlich getötet. Ist es nicht ein Glück, daß er lernte, es zu lieben, daß es leben darf?"
Die Amerikanerin schwieg überwältigt. Ehe sie schlafen ging, beugte sie sich über sie und machte das Kreuz über die Negerin. „Gott segne Sie", murmelte sie. „Es ist eine Gnade, daß ich Sie treffen durfte."
Sie wußte nun, daß es in Lourdes Wunder gab und gibt, Wunder, die nie offenbar werden.

Es treibt der Wind im Winterwalde
die Flockenherde wie ein Hirt,
und manche Tanne ahnt, wie balde
sie fromm und lichterheilig wird,
und lauscht hinaus. Den weißen Wegen
streckt sie die Zweige hin – bereit,
und wehrt dem Wind und wächst entgegen
der einen Nacht der Herrlichkeit.

Rainer Maria Rilke

****

Die Legende vom vierten König

Wißt ihr auch, daß nicht drei, sondern vier Könige aus dem Morgenlande aufgebrochen waren, um den König der Menschen anzubeten? So erzählt es eine alte russische Legende. Auf vier verschiedenen Wegen kamen sie gezogen, und jeder trug das Köstlichste seines Landes: leuchtendes Gold der eine, süßen Weihrauch der andere, herrliche Myrrhe der dritte, und der vierte und jüngste drei Edelsteine von unschätzbarem Wert.

Der geheimnisvolle Stern zog ihnen voran, und rastlos folgten sie ihm. Sie kannten nicht Tag noch Nacht, nicht Hunger und Durst. Blind waren sie für die Schönheit der Erde, taub für die lärmende Pracht der Städte. Die Wüste fürchteten sie nicht. Die Sonne selbst konnte ihnen nicht schaden, sie suchten ja ihn, nach dem ihr Volk seit tausend Jahren ausgeschaut hatte, den Gottkönig, den Erlöser.

In keinem brannte die Sehnsucht, Gott zu schauen, so wie in dem jungen König. Er ritt zuletzt ganz in seine Wunschträume versunken. Da – auf einmal vernahm er ein Schluchzen, so zwingend und bitterlich, daß er aus allen Träumen aufgerissen war. Im Staub sah er ein Kind liegen, nackt, aus fünf Wunden blutend. So seltsam fremd und zart war dies Kind und ohne jede Hilfe, daß er es in heißem Erbarmen behutsam aufs Pferd hob. Langsam ritt er ins Dorf, durch das sie eben erst gekommen waren, zurück. Die drei anderen Könige indessen hatten nichts gemerkt. Sie zogen unentwegt dem Sterne nach.

Im Dorf kannte niemand das Kind. Der junge König aber hatte es so liebgewonnen, daß er es einer guten Frau zur Pflege gab. Aus seinem Gürtel holte er den einen Edelstein und vermachte ihn dem Kind, damit so sein Leben gesichert sei. Dann aber trieb es ihn fort, die Gefährten und den Stern, den er verloren hatte, zu suchen. Er fragte die Menschen nach dem Weg, den die fremden Könige genommen, und – o Freude – eines Tages erblickte er den Stern wieder und eilte ihm nach. Doch seltsam,

so sehr er sich sehnte, den Heiland der Welt zu finden und vor ihm niederzuknien – die Not des Kindes hatte ihn hellhörig gemacht für alle Not, und sie ließ ihn nicht mehr los.
Der Stern führte ihn durch eine Stadt. Ein Leichenzug begegnete ihm. Hinter dem Sarg schritt eine Frau mit ihren Kindern. Äußerste Trostlosigkeit sprach aus ihren Zügen, und in Verzweiflung klammerten sich die Kinder an ihre Mutter. Da stieg der König vom Pferd, denn er sah wohl, daß nicht allein die Trauer um den Toten solchen Schmerz hervorgerufen hatte. Den Mann und Vater trug man zu Grabe, und vom Grabe weg sollten die Frau und die Kinder als Sklaven verkauft und auseinandergerissen werden, weil niemand für die Schuld aufkommen wollte. Von Mitleid übermannt, entnahm er dem Gürtel den zweiten Edelstein. Er lag ihm auf der Hand, und die Sonne ließ ihn funkeln und leuchten. Dem neugeborenen König war er zugedacht. Doch mit einer raschen Bewegung legte er ihn in die Hand der trauernden Witwe: „Bezahlet, was ihr schuldig seid, und kauft euch Haus und Hof und Land, damit ihr und eure Kinder eine Heimat haben."
Sprach's, schwang sich aufs Pferd und wollte dem Stern entgegenreiten – doch dieser war erloschen. Tage- und wochenlang suchte und forschte er. Eine große Traurigkeit befiel seine Seele. Zweifel quälten seinen Geist: War er wohl seiner Berufung untreu geworden? Und die Angst, nie mehr Gott finden zu dürfen, zehrte an seinem Leibe. Bis sein Licht ihm eines Tages wieder aufleuchtete und er mit frischer Kraft und frohem Herzen dem neuen Ziel entgegenstrebte.
Er kam durch ein fremdes Land, Krieg wütete dort, und Leid und Elend und Blut bedeckten die Erde und Herzen. In einem Dorf hatten die Soldaten die Bauern auf einem Platz zusammengetrieben. Eines grausamen Todes sollten sie sterben. In den Hütten schrien die Frauen im Wahnsinn des Entsetzens, und die Kinder wimmerten. Da packte den jungen König das Grauen. Er hatte zwar nur mehr einen einzigen Stein, sollte er denn mit leeren Händen vor dem König der Menschen erscheinen? Doch dies Elend war so rießengroß, daß er auch den letzten

mit zitternden Händen opferte, die Männer vom Tode loskaufte und das Dorf vor Verwüstung, die Frauen vor Schändung bewahrte.
Müde und traurig ritt er weiter. Sein Stern leuchtete nicht mehr. Seine Seele war im Leid schier untergegangen. Wo war sein eigenster Weg? Immer und immer wieder riß die Not der Menschen ihn vom Ziel zurück. Jahrelang wanderte er. Zuletzt zu Fuß, da er auch sein Roß verschenkt hatte. Nichts besaß er mehr. Selber bettelnd durchzog er die Länder, half dort einer alten Frau, die zu schwere Last zu tragen, zeigte hier einem Schwachen, wie er sich gegen die Übermacht der Stärkeren durchsetzen könne, pflegte Kranke und scheuchte einem halbverhungerten Pferde die lästigen Fliegen fort.
Keine Not blieb ihm fremd. Keinem Schmerz, dem er begegnete, konnte er ausweichen. Und eines Tages begab es sich, daß er am Hafen einer großen Stadt gerade dazukam, wie ein Vater seiner unglücklichen Frau und den klagenden Kindern mit Gewalt entrissen werden sollte. Ein Sklave war es, der sich gegen die Tyrannei seines Herrn aufgelehnt hatte. Dafür sollte er auf einem Sträflingsschiff, auf einer Galeere, büßen. Der König bat und flehte so inständig für den armen Menschen, und als alles nichts helfen wollte, bot er sich selber an. Mit seiner eigenen Freiheit, seinem eigenen Leben kaufte er den Unglücklichen los und stieg nun als Galeerensklave in das Schiff hinab.
War es nicht zu schwer, was er sich damit aufgeladen hatte? Sein Stolz bäumte sich auf, als er in eiserne Ketten gelegt wurde. Bisher war er noch nicht gequält worden. Hier war zwischen Verbrechern sein Platz. Dumpf hallten die Schläge durch den Raum, die unaufhörlich den Takt des Ruderns angaben. Angekettet an dies Sträflingsschiff, war er bei Sturm oder Kampf dem sicheren Tode preisgegeben.
Hatte er nicht sinnlos gehandelt? Ein qualvolles Stöhnen drang aus seiner Brust. In dieser gefährlichen Stunde, da sein Geist sich empören und sein Herz sich verhärten wollte, leuchtete der Stern, sein Stern, den er wohl nie mehr am Himmel würde sehen dürfen, in seiner Seele auf. Dieses innere Licht erfüllte ihn mit

einer ruhigen Gewißheit, dennoch auf dem richtigen Weg zu sein. Getröstet erfaßte er die Ruder. Jahre vergingen. Er vergaß, sie zu zählen. Grau war sein Haar geworden, seine Hände voller Schwielen, müde sein geschundener Leib. Doch sein Herz kannte keine Bitterkeit, denn sein Stern leuchtete ihm immer noch. Aus seinem Gesicht strahlte herzliche Güte.

Längst war man auf diesen seltsamen Sklaven aufmerksam geworden. Und was er nie zu hoffen geglaubt hatte, geschah: Man schenkte ihm die Freiheit. An der Küste eines fremden Landes verließ er das Schiff. Arme Fischer nahmen sich seiner für die Nacht an. In dieser Nacht träumte er von seinem Stern, dem zu folgen er als junger Mann ausgezogen war und Heimat und Reichtum verlassen hatte. Eine Stimme rief ihn: „Eile dich, eile!"

Da brach er noch zur selben Stunde auf. Und – o Wunder – als er in die Nacht hineinschritt, siehe, da leuchtete der Stern vor ihm, und sein Glanz war rot wie die Sonne am Abend.

So eilte er und kam an die Tore einer großen Stadt. In ihren Straßen war lärmendes Treiben. Aufgeregte Gruppen von Menschen standen zusammen, immer wieder von Soldaten zum Weitergehen auseinandergescheucht. Viele zogen hinaus vor die Mauern.

Der Menschenstrom riß auch ihn mit – er wußte nicht, wie. Dumpfe Angst beengte ihm die Brust. Einen Hügel schritt er hinauf. Oben, zwischen Himmel und Erde, ragten drei Pfähle. Was war das?

Sein Stern, der ihn zum König der Welt führen sollte, blieb über dem Pfahl in der Mitte stehen, leuchtete noch einmal auf – es war, als schrie der Stern – und war erloschen.

Da traf ihn der Blick dieses Menschen, der da am Pfahl hing. Alles Leid, alle Qual der Erde mußte dieser Mensch in sich gesogen haben, so war dieser Blick. Aber auch alle Güte und eine grenzenlose Liebe atmete aus seiner Gestalt, die noch in der Entstellung des Schmerzes schön und voll Würde war. Seine Handflächen, von Nägeln durchbohrt, waren eingekrümmt. Es leuchtete wie Strahlen aus diesen Händen.

Wie ein Blitz durchbebte den König die Erkenntnis: Dieser ist

der König der Menschen. Dieser ist Gott, der Heiland der Welt, den ich gesucht, nach dem ich mich in Sehnsucht verzehrte. Er ist mir begegnet in all den Menschen, die hilflos und in Not waren. Ihm habe ich gedient, indem ich all den Gequälten und Überforderten geholfen habe.
Er sank unter dem Kreuz in die Knie. Was hatte er ihm zu bringen? Nichts! Seine leeren Hände streckte er dem Herrn entgegen. Da fielen drei dunkelrote Tropfen des kostbaren Blutes vom Kreuz in die Hände des Königs. Sie leuchteten mehr als jeder Edelstein. Ein Schrei durchbebte die Luft - der Herr neigte das Haupt und starb. Unter dem Kreuz war der König tot zusammengebrochen. Seine Hände umschlossen die Blutstropfen. Noch im Tode schaute er auf den Herrn am Kreuz.

Das Weihnachtswunder

Anonymus

Als es an diesem Weihnachtsabend, dem Heiligen Abend 1944, an der Tür klopfte, ahnten Mutter und ich nichts von dem Wunder, das wir erleben sollten.
Ich war damals zwölf, und wir lebten in einem kleinen Häuschen in den Ardennen, nahe der deutsch-belgischen Grenze. Vater hatte das Häuschen vor dem Krieg benützt, wenn er an Wochenenden auf die Jagd ging. Als unsere Heimatstadt Aachen immer starker unter den Luftangriffen zu leiden hatte, schickte er uns auch dorthin. Ihn selbst hatte man in der sechs Kilometer entfernten Grenzstadt Monschau zum Luftschutzdienst eingezogen. „In den Wäldern seid ihr sicher", hatte er zu mir gesagt. „Paß gut auf Mutter auf. Du bist jetzt ein Mann."
Aber vor einer Woche hatte Generalfeldmarschall von Rundstedt mit der letzten, verzweifelten deutschen Offensive begonnen, und während ich jetzt zur Tür ging, tobte ringsum die Ardennenschlacht. Wir hörten unablässig das dumpfe Wum-

mern der Geschütze, über unsere Köpfe dröhnten Flugzeuge hinweg, und des Nachts durchbrachen Scheinwerfer die Finsternis. Ganz in unserer Nähe kämpften und starben Tausende von deutschen und alliierten Soldaten. Als es klopfte, blies Mutter rasch die Kerzen aus. Dann ging sie vor mir zur Tür und stieß sie auf. Draußen standen, vor dem gespenstischen Hintergrund der verschneiten Bäume, zwei Männer mit Stahlhelmen.

Der eine redete Mutter in einer Sprache an, die wir nicht verstanden, und zeigte dabei auf einen dritten, der im Schnee lag. Sie begriff schneller als ich, daß es sich um Amerikaner handelte. Feinde! Mutter stand, die Hand auf meiner Schulter, schweigend da, unfähig, sich zu bewegen. Die Männer waren bewaffnet und hätten sich den Eintritt erzwingen können, aber sie rührten sich nicht und baten nur mit den Augen. Der Verwundete schien mehr tot als lebendig. „Kommt rein“, sagte Mutter. Die Soldaten trugen ihren Kameraden ins Haus und legten ihn auf mein Bett.

Keiner von ihnen sprach Deutsch. Mutter versuchte es mit Französisch, und in dieser Sprache konnte sich einer der Männer einigermaßen verständigen. Bevor Mutter sich des Verwundeten annahm, sagte sie zu mir: „Die Finger der beiden sind ganz steif. Zieh ihnen die Jacken und Stiefel aus und bring einen Eimer mit Schnee herein.“ Kurz darauf rieb ich ihnen die blaugefrorenen Füße ab. Der Untersetzte, Dunkelhaarige, so erfuhren wir, war Jim. Sein Freund, groß und schlank, hieß Robin. Harry, der Verwundete, schlief jetzt auf meinem Bett, mit einem Gesicht so weiß wie draußen der Schnee. Sie hatten ihre Einheit verloren und irrten seit drei Tagen im Wald umher auf der Suche nach den Amerikanern, auf der Hut vor den Deutschen. Sie waren unrasiert, sahen aber, ohne ihre schweren Mäntel, aus wie große Jungen. Und so behandelte Mutter sie auch. „Geh, hol den Hahn, den wir seit Wochen mästen für Weihnachten.“

Während Jim und ich in der Küche halfen, kümmerte sich Robin um Harry, der einen Schuß in den Oberschenkel bekommen hatte und fast verblutet war. Mutter riß ein Laken in Streifen zum Verbinden der Wunde. Bald zog der verlockende Duft von gebratenem Hahn durch das Zimmer.

Ich deckte gerade den Tisch, als es wieder klopfte. In der Erwartung, noch mehr verirrte Amerikaner zu sehen, öffnete ich ohne Zögern. Draußen standen vier Männer in Uniformen, die mir nach fünf Jahren Krieg wohlvertraut waren: deutsche Soldaten – unsere! Ich war vor Schreck wie gelähmt. Trotz meiner Jugend kannte ich das Gesetz: Wer feindliche Soldaten beherbergt, begeht Landesverrat. Wir konnten alle erschossen werden! Mutter hatte Angst. Ihr Gesicht war weiß, aber sie trat hinaus und sagte ruhig: „Fröhliche Weihnachten!" Die Soldaten wünschten ihr ebenfalls eine frohe Weihnacht. „Wir haben unsere Einheit verloren und möchten gern bis Tagesanbruch warten", erklärte der Anführer, ein Unteroffizier. „Können wir bei Ihnen bleiben?" – „Natürlich", erwiderte Mutter mit der Ruhe der Verzweiflung. „Sie können auch eine gute, warme Mahlzeit haben und essen, solange etwas da ist." „Aber", fuhr Mutter energisch fort, „wir haben noch drei Gäste hier, die Sie vielleicht nicht als Freunde ansehen werden." Ihre Stimme war mit einen Mal so streng, wie ich sie noch nie gehört hatte. „Heute ist Heiliger Abend, und hier wird nicht geschossen." – „Wer ist drin?" fragte der Unteroffizier barsch. „Amerikaner?" Mutter sah jedem einzelnen in das frosterstarrte Gesicht. „Hört mal", sagte sie langsam, „Ihr könntet meine Söhne sein und die da drinnen auch. Einer von ihnen ist verwundet und ringt um sein Leben, und seine beiden Kameraden sind verwirrt, hungrig und müde wie ihr." Und zum Unteroffizier sprach sie: „In dieser Nacht denken wir nicht ans Töten!" Der Unteroffizier starrte sie an. Für zwei, drei endlose Sekunden herrschte Schweigen. Dann machte Mutter der Ungewißheit ein Ende. „Genug geredet!" sagte sie und klatschte in die Hände. „Legen Sie Ihre Waffen da auf das Holz und machen Sie schnell, sonst essen die andern alles auf." – Die vier Soldaten legten wie benommen ihre Waffen auf die Kiste mit Feuerholz im Gang: zwei Pistolen, drei Karabiner, ein leichtes MG und zwei Panzerfäuste. Mutter sprach indessen hastig mit Jim auf Französisch. Er sagte etwas auf Englisch, und ich sah verwundert, wie auch die Amerikaner Mutter ihre Waffen gaben.
Als nun die Deutschen und die Amerikaner Schulter an Schulter

verlegen in der kleinen Stube standen, war Mutter in ihrem Element. Lächelnd suchte sie für jeden einen Sitzplatz. Dann machte sie sich, ohne von der gespannten Atmosphäre Notiz zu nehmen, wieder ans Kochen. „Rasch“, flüsterte sie mir zu, „hol noch ein paar Kartoffeln und etwas Haferflocken. Die Jungen haben Hunger, und wenn einem der Magen knurrt, ist man reizbar.“

Während ich die Vorratskammer plünderte, hörte ich Harry stöhnen. Als ich zurückkam, hatte einer der Deutschen eine Brille aufgesetzt und beugte sich über die Wunde des Amerikaners. „Sind Sie Sanitäter?“ fragte Mutter. „Nein“, erwiderte er, „aber ich habe bis vor wenigen Monaten in Heidelberg Medizin studiert.“ Dann erklärte er den Amerikanern in – wie mir schien – recht fließendem Englisch, Harrys Wunde sei dank der Kälte nicht infiziert. „Er hat nur sehr viel Blut verloren“, sagte er zu Mutter. „Er braucht jetzt einfach Ruhe und kräftiges Essen.“

Der Druck begann zu weichen. Selbst mir kamen die Soldaten, als sie so nebeneinandersaßen, alle noch recht jung vor. Heinz und Willi, beide aus Köln, waren sechzehn. Der Unteroffizier war mit seinen dreiundzwanzig der älteste. Er brachte aus seinem Brotbeutel eine Flasche Rotwein und einen Laib Schwarzbrot, den Mutter in Scheiben schnitt. Sie sollten zum Essen auf den Tisch kommen. Von dem Wein aber stellte sie einen Rest beiseite. „Für den Verwundeten.“

Dann sprach Mutter das Tischgebet. Ich sah, daß sie Tränen in den Augen hatte, als sie die vertrauten Worte sprach: „Komm, Herr Jesus, sei unser Gast . . .“ Und als ich mich in der Tischrunde umsah, waren auch die Augen der kriegsmüden Soldaten feucht. Sie waren wieder Buben, die einen aus Amerika, die anderen aus Deutschland, alle fern von zu Hause.

Gegen Mitternacht ging Mutter zur Tür und forderte uns auf, mitzukommen und den Stern von Bethlehem anzusehen. Bis auf Harry, der friedlich schlief, standen wir alle neben ihr, und für jeden war in diesem Augenblick der Stille und im Anblick des Sirius, des hellsten Sterns am Himmel, der Krieg sehr fern und fast vergessen.

Unser privater Waffenstillstand hielt auch am nächsten Morgen an. Mutter flößte Harry etwas Brühe ein; wir anderen aßen Haferflocken. Dann wurde aus zwei Stöcken und Mutters bestem Tischtuch eine Tragbahre für Harry gemacht.

Der Unteroffizier zeigte den Amerikanern, über Jims Karte gebeugt, wie sie zu ihrer Truppe zurückfinden konnten. Er legte den Finger auf einen Bach. „Da geht ihr lang", sagte er. „Am Oberlauf trefft ihr auf die 1. Armee, die sich dort neu formiert." Der Mediziner übersetzte alles ins Englische. Mutter gab nun allen ihre Waffen zurück. „Seid vorsichtig, Jungens", sagte sie. „Ich wünsche mir, daß ihr eines Tages dahin zurückkehrt, wo ihr hingehört - nach Hause. Gott beschütze euch alle!" Die Deutschen und die Amerikaner gaben einander die Hand, und wir sahen ihnen nach, bis sie in entgegengesetzter Richtung verschwunden waren.

Als ich wieder ins Haus trat, hatte Mutter die alte Familienbibel hervorgeholt. Ich sah ihr über die Schulter. Das Buch war bei der Weihnachtsgeschichte aufgeschlagen, bei dem Bericht von den drei Weisen, die von weit her kamen, um ihre Geschenke darzubringen. Ihr Finger glitt über die Zeile: „. . . und sie zogen über einen andern Weg wieder in ihr Land zurück."

Wir sind das Krippenspiel

Robert Fulghum

Unsere Kirche hatte seit Jahren kein Krippenspiel mehr mit allem Drum und Dran aufgeführt. Erstens waren wir Weihnachten gegenüber ziemlich nüchtern und routiniert geworden und hatten es den Sonntagsschülern überlassen, das Fest nach eigenem Ermessen und auf Sparflamme zu begehen. Und dann war da auch die Erinnerung an das letzte Mal, als wir uns solche Mühe gegeben hatten. In der Woche, in der das Krippenspiel aufgeführt werden sollte, brachen gleichzeitig Masern, Windpocken und die asiatische Grippe aus. Am Abend des Krippenspiels herrschte ein stürmischer Schneeregen; mancherorts war der Strom ausgefallen, so daß bei manchen Leuten die Uhren stehengeblieben waren, und ein für die Aufführung entliehenes Schaf bekam Durchfall. Da war es fast schon normal, daß Josef und zwei der Heiligen Drei Könige sich während der Aufführung übergaben und mehrere kleine Engel es zustandebrachten, gleichzeitig zu weinen und sich in die Hose zu machen. Obendrein erzeugte der Teenagerchor, der unverantwortlich mit brennenden Kerzen umherwandelte, eher ein Gefühl der Angst vor einem Brand und vor dem Zorn Gottes als ein Gefühl von Frieden auf Erden. Ich glaube, in Wirklichkeit war es gar nicht so schlimm, und vielleicht ist nicht alles in ein und demselben Jahr passiert, aber eine erkleckliche Anzahl älterer Kirchendamen hatte die Nase voll von dem ganzen Spektakel, und sie blockten jeden Vorschlag zu einem neuen Krippenspiel ab. Es war, wie wenn die Cholera wieder unter uns gewütet hätte und niemand das noch einmal durchmachen wollte.

Doch die Macht der Nostalgie ist groß, und sie verwirrte die Köpfe eben jener älteren Damen, als sie über Bitten jüngerer Mütter zu beraten hatten, die diese rituelle Marter nie erlebt hatten und sich durch nichts davon abbringen lassen wollten. Es war an der Zeit, daß ihre Kinder ihre Chance bekamen.

Und binnen kurzem begaben sich lauter Leute, die es eigentlich hätten wissen sollen und auch besser wußten, daran, aus alten Bettüchern, Pappe und Hühnerfedern Engelskostüme anzufertigen. Für die Heiligen Drei Könige ließen sich nicht die richtigen Morgenröcke auftreiben, deshalb gingen einige Väter neue kaufen und fuhren mit einem Lieferwagen darüber, um sie ein wenig älter zu machen. Und einer jungen Mutter, die schwanger war, machte man liebevoll klar, daß von ihr erwartet wurde, Anfang Dezember mit einem echten neugeborenen Kind aufzuwarten. Sie gelobte, sich anzustrengen.

Ein Engelschor wurde gesanglich auf Vordermann gebracht. Eine echte Krippe mit richtigem Stroh wurde angeschafft. Und während Einmütigkeit herrschte, daß man diesmal auf echte Schafe verzichten sollte, gelang es einer rührigen Seele, für den

Abend zwei kleine Ziegen zu borgen. Der eigentliche Knüller aber war ein geliehener Esel, auf dem Mutter Maria Einzug halten sollte. Keiner von uns hatte je zuvor gesehen, daß ein leibhaftiger Esel durch einen Altarraum geritten wurde, und es schien damals eine prima Sache.

Wir machten ein Zugeständnis an die Vernunft und beschlossen, das Ganze am Sonntagmorgen bei vollem Tageslicht stattfinden zu lassen, damit wir alles überblicken konnten und kein Chorengel Angst vor der Dunkelheit bekam und weinte oder sich in die Hose machte. Auch keine Kerzen. Und keine Generalprobe. Bei solchen Aufführungen wird ohnehin mit einem gewissen Dilettantismus gerechnet, und keiner hatte Lust, das Ganze zweimal über sich ergehen zu lassen.

Der große Tag kam, und alle fanden sich in der Kirche ein. Selbst Ehemänner, die sich sonst nicht durch regelmäßiges Erscheinen hervortaten, kamen – vermutlich aus demselben Grund, der sie zu einem Autobusunglück in der Nähe hingezogen hätte.

Es war gar nicht so schlimm, wirklich nicht. Zumindest nicht von Anfang an. Die Ziegen rissen sich auf dem Parkplatz los und veranstalteten mit den Hirten ein regelrechtes Rodeo. Aber wir schmetterten die Weihnachtslieder mit voller Stimme, und der Engelschor schaffte seine erste große Nummer fast in der richtigen Tonart und im Takt. Der Stern von Bethlehem erstrahlte über der Krippe, und es wurde Zeit für den Einzug von Maria und Josef, Maria auf dem Lastesel, im Arm etwas, das sich später als Strohpuppe erwies (da die Schwangere überfällig war). Der Esel war es, der uns ins Verderben führte.

Der Esel machte zwei zögernde Schritte durch die Türe zum Altarraum, warf einen Blick auf die Szenerie und bockte. Die Beine stocksteif, versetzte er seinen ganzen Körper in einen krampfartigen Zustand, der eine Totenstarre bei weitem übertraf, und der Zug kam ruckartig zum Stehen. Nun, es gibt Dinge, die man im Privaten erwägen würde, um einen Esel in Bewegung zu bringen, aber es gibt eine Grenze für das, was man an einem Sonntagmorgen in der Kirche in Gegenwart von

Frauen und Kindern anstellen kann. Das Gezerre an seinem Halfter und ein paar böse Tritte der Jungfrau Maria zeigten keine Wirkung.
Da erhob sich der Kuratoriumsvorsitzende, der in seinem besten Sonntagsstaat in der ersten Reihe saß, und kam uns zu Hilfe. Der Fußboden des Altarraums bestand aus poliertem Zement. Und während vorne jemand am Halfter zerrte, duckte sich der Kuratoriumsvorsitzende ans Steißende des Esels und schob an – und langsam glitt das störrische Biest über den Boden, Zentimeter für Zentimeter. Während solchermaßen Fortschritte erzielt wurden, stellte der Chorleiter den Kassettenrekorder an, der plärrend eine gewaltige Hymne des *Mormon Tavernacle*-Chors, begleitet vom Philadelphia Symphonieorchester, von sich gab. Gerade als der Esel und seine Mobilmacher in der Kirchenmitte anlangten, gab es einen Kurzschluß im Kassettenrekorder, und plötzlich war es still. Und in diese Stille drang von der Hinterseite des Esels eine wütende Stimme: „*Beweg deinen Arsch, du Miststück!*", unmittelbar gefolgt von einer Stimme aus dem Hintergrund der Kirche – von der Frau des Eselsschiebers –: „Leon, halt deine dreckige Klappe!" Und da schrie der Esel los. Hätten wir eine Wahl zum Esel des Tages abgehalten, wären mehrere Kandidaten nominiert worden. Und die Stimmen wären hübsch gleichmäßig verteilt gewesen.
Es ist so komisch, uns bei unserem Tun zu beobachten. Und obgleich mehrere Jahre vergingen, bis die Kirche wieder ein Krippenspiel veranstaltete, haben wir noch nicht das letzte gesehen. Die Erinnerung an das Gelächter überlebt eben die Erinnerung an die Mühsal. Und die Hoffnung – die Hoffnung macht uns jedesmal glauben, daß es *dieses* Mal, *dieses* Jahr richtig klappen werde.
So ist es überhaupt mit Weihnachten, vermute ich. Es ist das wirkliche Leben – bloß von allem viel mehr auf einmal als sonst. Und ich nehme an, wir werden mit allem so weitermachen. Werden rasend und verwirrt und frustriert und sogar wahnsinnig werden. Und auch aufgeregt und hoffnungsvoll und stillvergnügt. Wir werden lachen und weinen und schmollen und grü-

beln. Werden ein bißchen betrunken werden und ausfallend. Uns umarmen und küssen und ein großes Theater veranstalten. Zuviel ausgeben. Und immer werden welche da sein, die sich übergeben und in die Hose machen. Wie immer werden wir nur ein paar Strophen singen, und diese meistens falsch. Wir werden es wieder und wieder und wieder tun. Wir sind das Krippenspiel – die ganze verflixte Veranstaltung.
Und ich finde, das Beste ist, es einfach geschehen zu lassen. Wie mindestens ein Mensch, den ich kenne, bezeugen kann, bringt es bloß Ärger, wenn man die Dinge zu sehr anschieben möchte.

Wunder der Nacht

Ludwig Drexler

Die Bellinis sind eine alte Circusfamilie, der Vater streng, die Mutter abgehärmt und verbraucht, die Kinder auf dem Weg, ihr Glück zu versuchen.
Heute am Heiligen Abend sitzen sie zusammen im warmen Wohnwagen. Ein kleiner Christbaum steht auf dem Tisch. Dampfender Tee in den Gläsern und Rum.
Heute dürfen sie ein wenig trinken, sie arbeiten ja nicht am Trapez. Die Jungen sind Springer und Fänger und haben eine schöne Nummer aufgebaut. Nur seit Peppo fehlt, gibt es Schwierigkeiten. Sein Fehlen ist es auch, was die Stimmung trübt. Es darf von ihm nicht mehr geredet werden, seit er, vor nicht ganz einem Jahr, die Truppe verlassen hat. In einem kleinen Marktflecken ist er zurückgeblieben um eines Mädchens willen.
Seither macht der Alte, der Chef des ambulanten Unternehmens, wieder den Fänger. Er tut sich nicht mehr leicht. Aber die Show muß weitergehen. Das ist ein bleibendes Gesetz.
So reden sie von allem Möglichen, nur nicht von Peppo, der zum

ersten Mal am Weihnachtsabend fehlt. Der Abend schleppt sich hin. Müde fallen die Worte. Plötzlich kommen von dem nahegelegenen Stall unruhige Laute. Es geht gegen Mitternacht. Ansonsten sind die Tiere um diese Zeit längst ruhig. Als sich der alte Bellini erheben will, um nachzuschauen, reißt Adolfo, der Clown, die Türe auf. Er ist aufgeregt, als er ruft:
„Direttore, schnell, bei uns im Stall ist es Weihnachten geworden, kommen Sie." „Bist du verrückt? Was ist los?" „Sie müssen sehen, eine Wunder, eine echte Wunder." „Es gibt keine Wunder mehr. Das Leben hat allen Zauber verloren." „Kommen Sie, Direttore. Sie werden schauen!"
So folgt der Alte dem Clown in den Stall, die anderen kommen hinterher. Der Clown, der eine Laterne mitgebracht hat, hebt diese hoch. Und wirklich, es ist ein eigenartiges Bild, das sich hier bietet. Am Rande der Eselbox liegt eine junge Frau, im Arm ein neugeborenes Kind. Sie lächelt selig. Neben ihr kniet ein junger Mann. „Peppo", schreit der alte Bellini auf, „Peppo, mein Sohn." „Ja, Vater, dein Sohn und dein Enkel. Wir sind heimgekehrt. Zu dir, zum Circus." „Aber, verdammt noch mal, warum denn nicht früher ..." „Wir haben es gerade noch geschafft, Maria und ich." Da schiebt sich Frau Bellini vor: „Ist alles gut gegangen, Kinder?" „Alles gut, Mama. Wir sind wieder zu Hause. Sie haben uns nicht wollen, da draußen in der kalten Welt. Maria wird jetzt auch zu uns gehören, wenn ihr uns nur haben wollt."
Da sagt Adolfo, ein wenig verschmitzt: „Natürlich wollen sie euch haben, hier ist doch euer Zuhause, das ist doch deine Welt, Peppo. Dir soll es nicht so gehen wie dem, der in die Welt kam und die Seinen nahmen ihn nicht auf. Verstehst du, Padrone, verstehst du mich? Weihnachten, das ist nicht Märchen: ‚Es war einmal ...' Weihnachten wird es immer geben, solange Welt sich dreht. Heute hast du es erlebt, im nächsten Jahr es geschieht woanders. Friede auf Erden, haben damals die Engel gesungen. Mach Frieden mit deinem Sohn." „Frieden, ja Frieden, Peppo, sei wieder ganz mein Sohn." „Und die zwei da – gehören die jetzt auch zu uns?"

Da bricht der alte Direktor in die Knie, hebt die Hand, als ob er das Kind segnen wollte, und Tränen rinnen über das schminkegefurchte Gesicht.
Dem Esel aber mag es zumute gewesen sein, als ob er im Stall zu Bethlehem stünde. Und über dem armseligen Winterquartier der Fahrenden leuchtete hell ein Stern.

Das Opfer

Henry Bordeaux

Doktor Brunoy, der seine beiden Berufskollegen bis zur Tür begleitet hatte, blieb auf der Schwelle stehen und fragte mit müder Stimme: „Gibt es also kein Heilmittel mehr?"
Die beiden Ärzte blickten einander in die Augen, wie wenn einer zum anderen sagen wollte, wie unnütz doch diese Frage sei. Dann erwiderte der ältere: „Die zwei Serumeinspritzungen sind leider ohne Erfolg geblieben - wir haben alles versucht, mehr können wir nicht tun."
„Mehr nicht ... Denken Sie, daß das Kind noch lange leben wird?"
„Lange?" wiederholte der jüngere überrascht, fast ironisch. „Noch einige Stunden."
„Einige Stunden, ja ... man weiß nie ...", meinte dazu der ältere, den Erfahrung vorsichtiger gemacht hatte. „Auf jeden Fall hat das Kind nichts zu leiden."
Die beiden Kollegen hüllten sich in Decken und stiegen in den Schlitten, der vor dem Hause stand. Doktor Brunoy sagte: „Ich danke Ihnen, daß Sie den so weiten Weg gemacht haben."
Der jüngere zog schon die Uhr, um auszurechnen, wann sie in der Stadt ankommen würden. Es war ja Weihnachten, das schönste Familienfest des Jahres. Ruft es uns nicht alle heim in den Frieden des häuslichen Herdes?
Die Pferde vor dem Schlitten scharrten ungeduldig, und als der

Kutscher am Zügel zog, reckten sie die Köpfe und setzten sich in flotten Trab. Doktor Brunoy blieb unbeweglich auf der Schwelle seines Hauses stehen und starrte dem Schlitten nach, der auf dem schneebedeckten Weg entschwand, seine letzte Hoffnung mit sich führend. Ferner und ferner tönte ihm das regelmäßige Gebimmel der Pferdeglöcklein ins Ohr.

Dann kehrte er ins Haus zurück. Bevor er aber zu seiner Frau ging, die am Bett des sterbenden Kindes saß, betrat er das Arbeitszimmer. Hastig begann er in Büchern zu blättern, stieß sie ungeduldig weg, immer wieder versuchte er sich zu sammeln – gab es denn keine Rettung? Draußen geht der Tag zur Neige. Dr. Brunoy schaut durchs Eckfenster. Auf der einen Seite erblickt er Beaufort, das Dorf mit seinen alten Häusern und engen Gassen und der schmalen Steinbrücke, die über den Bergbach Doron führt. Auf der anderen Seite erhebt sich ein steiler Hang mit ersten schneebedeckten Tannen. Warum nur ist er als junger Mensch in diese abgelegene Gegend gekommen, in dieses enge Tal, wo die Berge einander so nahe rücken, daß man von ihnen fast erdrückt wird? – In wenigen Sekunden, wie es in tragischen Momenten unseres Lebens oft vorkommt, durchlaufen seine Gedanken die Erlebnisse der letzten Jahre. Die Notwendigkeit hatte sein Handeln bestimmt. Beherrscht sie nicht das Leben der meisten Menschen? Nach guten medizinischen Studien hatte er sich rasch verheiratet. Weil er kein Vermögen besaß, konnte er seine Tätigkeit nicht in einer Stadt beginnen, denn dort läßt am Anfang die Kundschaft oft lange auf sich warten und nimmt nur langsam zu. Diese einsame Berggegend mit ihrem langen harten Winter, für den die allzu kurze Schönheit des Sommers nur schlecht entschädigt, dieses Tal mit seinen arbeitsamen, ehrlichen, aber herben und wenig kultivierten Einwohnern wurde seit Jahren von den Ärzten gemieden. Hier war keine Konkurrenz zu fürchten. Man hatte ihn wie einen Retter empfangen. Nach einem Jahr schon schätzte er das Land wie seine Heimat. Auch seiner Frau, welche die große Welt nicht liebte, gefiel das Leben im stillen Bergtal; sie war zufrieden und glücklich. Ein Kind wurde ihr geschenkt, ein pausbackiger Bub.

Die Arbeit Dr. Brunoys zeigte bald schöne Erfolge. Im weiten Umkreis gab es kein Dorf, keinen Weiler mehr, wo er nicht schon irgendeine Krankheit geheilt oder nach einem Unglück geholfen hätte. An Kindern fehlte es nicht in dieser Talschaft. Aber manche starben schon im zartesten Alter, denn es mangelte ihnen die nötige Pflege. Mit besonderem Eifer machte sich Dr. Brunoy daran, die Mutter aufzuklären und zu belehren, um dem Tod seine jungen und allzu leichten Opfer zu entreißen.
Und nun – ein schlechter Dank für seine Mühen als Arzt – war sein eigener kleiner Sohn an Diphtherie erkrankt. Doch – er hatte schon viele Kinder, die an derselben Krankheit gelitten, mit Serum-Einspritzungen oder mit Hilfe des Luftröhrenschnittes geheilt. Warum sollte er nicht auch seinem eigenen Kinde helfen können?
Aber während er seinem Berufe nachging und längere Zeit abwesend war, hatte sich die Krankheit rasch verschlimmert. Die Stimme des Kindes war heiser und rauh geworden, und die Erstickungsanfälle hatten sich immer häufiger eingestellt.
Was war das für eine Heimkehr gewesen! Nach langem, mühsamem Weg durch tiefen Schnee war er in einen Laden getreten, um seinem Kind zu Weihnachten Spielzeug zu kaufen. Mit einem kleinen Holzpferd und einer Trompete unter dem Arm hatte er den Heimweg fortgesetzt. Und wie er an Frau und Kind und an seine warme, vom Duft des Weihnachtsbaumes durchwürzte Stube dachte, an die behagliche Ruhe nach getaner Pflicht, ward sein Herz von stillem Glück erfüllt.
„Endlich bist du da!“ hatte seine Frau fast geschrien, als er die Wohnung betrat. „Komm schnell zu Jean!“
Er hatte sofort den Ernst der Lage erkannt und dem Kind eine Einspritzung gemacht. Weil sich aber trotzdem keine Besserung zeigte, schickte er am folgenden Morgen einen Nachbarn in die nächste, vier Stunden entfernte Stadt, um zwei Kollegen holen zu lassen. Die beiden Ärzte waren am Nachmittag eingetroffen. Aber auch sie waren ohnmächtig; Hilfe war nicht mehr möglich. Das einzige, was noch zu tun blieb, war warten ...
Dr. Brunoy ging in das Zimmer des kranken Kindes. Seine Frau

saß über das Bettchen geneigt, hielt die Hand des Kleinen, sprach ihm mit zärtlichen Worten zu. Das Holzpferdchen und die Trompete lagen unberührt auf der Bettdecke. Man hatte den kleinen Weihnachtsbaum mit der niedlichen Krippe, die darunter aufgebaut war, dem Bette nahegerückt, aber der Kleine hatte keinen Blick für Baum und Krippe.

Als die Frau ihren Mann hereinkommen hörte, wandte sie sich nach ihm um und sagte, als ob sie seine Gedanken erraten hätte: „Er stirbt." Er wiederholte die Worte des alten Doktors: „Man weiß nie . . ."

„Was können wir tun?"

„Nichts als warten . . ."

Er setzte sich ihr gegenüber, an die andere Seite des Bettes. Der kleine Jean lag regungslos da, fast ohne Fieber. Sein Atem ward schwächer und schwächer. Manchmal hob er langsam die Lider, aber seine Augen konnten nicht mehr sehen.

Es war indessen dunkel geworden. Die Frau erhob sich mit großer Anstrengung.

„Wohin gehst du, Etiennette?"

„Ich will eine Lampe anzünden."

„Warum?"

„Um ihn noch lebend zu sehen."

Um sechs Uhr öffnete das Dienstmädchen Mariette vorsichtig die Tür und sagte: „Ein Mann aus Roselande ist da, er möchte mit dem Herrn Doktor sprechen."

„Ich will niemand sehen, Mariette." Nach kurzer Zeit kam das Mädchen wieder zurück und sagte: „Er weigert sich zu gehen, er will Sie unbedingt sprechen." Da verließ Dr. Brunoy das Zimmer, um den aufdringlichen Besucher selbst fortzuschicken. Er traf ihn in der Küche, wo er sich wärmte. Der Schnee, der auf seinen Schultern gelegen hatte, war geschmolzen und rann nun in Bächlein über den rauhen Kittel. Der Bauer wandte sein mageres, ernstblickendes Gesicht dem Arzte zu.

„Ah, Ihr seid es, Rivaz, was wollt Ihr?" fragte Dr. Brunoy. Der Bauer antwortete:

„Mein Kleiner ist krank."

„Ich werde morgen früh kommen“, beschied der Arzt. Aber Rivaz schüttelte den Kopf. „Ohne Sie wird er die Nacht nicht überleben.“
„Auch mein Kleiner ist am Sterben. Ich kann diesen Abend nicht mehr kommen.“ Die beiden Männer schwiegen, jeder stumm an seinem Unglück würgend. Dann fiel des Bauern schweres Wort in die Stille: „Ihren Buben werden Sie heilen, aber meinen nicht.“
„Oh, mein Bub ist verloren.“
Wieder schwiegen sie, dann nahm der Bauer von neuem das Wort: „Mein Bub ist noch nicht verloren. Ich bekam ihn erst im Alter und werde keine Kinder mehr haben.“
„Morgen früh werde ich kommen, ich verspreche es Euch, Rivaz!“
„Dann wird es zu spät sein.“
„Laßt mich die Augen meines Kleinen schließen.“
„Aber wenn Sie doch hier nicht mehr helfen können . . .“
Bei diesen Worten fuhr der Arzt erregt auf: „Wißt Ihr das? Solange mein Kind noch lebt, werde ich es nicht verlassen, versteht Ihr nicht?“
Der Bauer zerknüllte mit zitternden Fingern den Rand seines alten Filzhutes, zögerte noch einen Augenblick und schritt dann gegen die Tür. „So werden also zwei sterben“, murmelte er vor sich hin, aber ohne Auflehnung, wie einer, der sich ins Unabänderliche schickt.
„Wartet“, rief der Doktor. „Hustet er stark?“
„Ja, zuerst, dann nur noch wenig. Ist das ein gutes Zeichen?“
„Nein. – Aber Ihr müßt doch einsehen, daß ich jetzt mein todkrankes Kind nicht verlassen kann! . . . Wie geht sein Atem?“
„Der pfeift; und dann auf einmal ist es, wie wenn das Kind ersticken müßte.“
„Wie gestern abend bei Jean . . . Und doch, es ist mir unmöglich zu kommen, Ihr dürft das nicht von mir verlangen . . . Hat er diese Erstickungsanfälle oft?“
„Ja.“

„Ich bedaure Euch ..."
„Ist er verloren?"
„Noch können wir hoffen, vielleicht haben wir Glück."
Und mit einem Satz sagte der Bauer, was sein Herz bewegte: „Für Ihren Buben können Sie nichts mehr tun, aber noch etwas für den meinen." Dr. Brunoy sah dem Bauer in die Augen, sein Blick festigte sich, und mit entschlossener Stimme erwiderte er: „Ich komme mit Euch, Rivaz!" Raschen Schrittes kehrte er ins Zimmer zurück. Das Kind atmete kaum noch, sein Gesicht war so blaß, als wäre der letzte Tropfen Blut aus seinem Körper gewichen.
„Etiennette, hier nimm dies Fläschchen, es wird ihm das Atmen erleichtern. Mehr können wir nicht tun ..."
„Warum sagst du mir das?"
„Weil ich fort muß."
„Du, in dieser Nacht?"
„Der kleine Rivaz in Roselande ist schwer krank, vielleicht kann ich noch helfen."
„Und unser Jean?"
„Sein Leben liegt nicht mehr in Menschenhand. Du kannst ihn so gut pflegen wie ich."
„Geh nicht weg, ich bitte dich!"
„Ich muß."
Jäh richtete sie sich neben dem Bettchen auf und warf ihm die Worte entgegen: „Du liebst dein Kind nicht! Du liebst deine Frau nicht!" – „Oh, meine Liebste!" Seine Stimme flehte schmerzerfüllt. Aber die Frau konnte ihn nicht verstehen, sie wich vor ihm zurück.
Da neigte er sich über das Kind und strich zärtlich, Abschied nehmend, über seine Wange, die immer noch warm war, trotz der wächsernen Hautfarbe. Und kurzentschlossen, ohne zurückzuschauen, weil er fürchtete, sein Wille könne unsicher werden, entfloh er aus dem Zimmer.
Im Schlitten sprachen die beiden Männer nicht ein Wort. Rivaz mußte von Zeit zu Zeit am Leitriemen ziehen und „Hü" rufen, denn das Pferd war müde, hatte es doch erst vor kurzem einen Weg von zehn Kilometern hinter sich gebracht. Seine Hufe

sanken im frischen Schnee ein. Das schmale Sträßchen führte durch einen Hohlweg, auf dessen beiden Seiten erste Tannen zum dunklen Winterhimmel aufragten. In der Ferne toste Doron, der Wildbach. Vorne am Schlitten waren zwei Laternen befestigt, die sanft hin und her schwankten und ihr Licht auf die Bäume und Felsen des Wegrandes warfen.

Nach einer guten Stunde hielt der Schlitten vor einem einsamen Haus. Man hatte ihn kommen hören, denn die Tür öffnete sich, und eine Frau, die Laterne in der Hand haltend, erschien auf der Schwelle.

„Ist der Doktor da?“

„Ja.“

Sie atmete auf und führte die beiden Männer ins Zimmer des kranken Kindes.

Drei Viertelstunden später packte der Arzt seine Instrumente wieder zusammen und schickte sich zum Fortgehen an.

„Ist er gerettet?“ fragte die Frau.

„Ich glaube es; morgen werde ich wiederkommen.“

„Wollen Sie noch diese Nacht zurückkehren?“ wandte Rivaz ein.

„Ja, sofort.“

Der Bauer schien seltsam ergriffen, er brachte ein Goldstück, das er als Geschenk seiner längst verstorbenen Mutter bisher aufbewahrt hatte, und wollte es dem Arzt geben. Aber zu seinem Erstaunen weigerte sich dieser, es anzunehmen.

„Nein, mein guter Rivaz, niemand könnte mir den Gang bezahlen, den ich in dieser Nacht getan habe.“

Auch auf der Rückfahrt sprachen die beiden Männer kein Wort miteinander. Unterwegs begegneten sie zahlreichen Gruppen von Leuten, die Laternen trugen. Zwischen den dunklen Tannenstämmen leuchtete da und dort ein kleines Licht auf. Die Bauern der umliegenden Höfe und Weiler begaben sich zur Mitternachtsmesse. Sie sangen ein altes Weihnachtslied:

Geboren ist das göttlich Kind,
o freuet euch, ihr Menschen all . . .

Und wenn sie dem Schlitten begegneten, riefen sie mit frohen Stimmen: „Gesegnete Weihnacht!"
Dr. Brunoy vermochte diesen Glückwunsch nicht zu erwidern; auch Rivaz wagte es nicht, obwohl sein Herz festlich gestimmt war. An einer Biegung des Sträßchens, schon nahe bei Beaufort, fiel der Schein der Laterne auf ein Wegkreuz. Sacht schwebten die Schneeflocken vom Himmel. Der Körper des schmerzensreichen Heilandes ragte hell und groß in die Nacht, und es war, als ob von seinem dorngekrönten Haupt ein tröstlich Licht ausginge. Dr. Brunoy erinnerte sich der Worte des alten Weihnachtsliedes: Geboren ist das göttlich Kind ... Und mit einemmal erfüllte ihn Friede; kein Leid mehr, keine Auflehnung gegen das Schicksal. Er hatte seine Pflicht getan! – Er hatte Rivaz' Kind retten dürfen. Er wußte, daß er sein eigenes Kind nicht mehr lebend sehen würde, aber der Gedanke weckte keine Bitternis in seinem still gewordenen Herzen.
Als er zu Hause ankam und ins Zimmer trat, fand er seine Frau über das Bett des toten Kindes gebeugt. Gütig und sanft, doch mit fester Hand richtete er sie auf und sagte: „Meine liebe Etiennette ..." „Du warst nicht dabei", seufzte die Frau und sah ihm tief in die Augen. Welche Ruhe ging von ihm aus, welcher Friede ... Sie lehnte sich an ihn, und tröstlich stieg die Gewißheit in ihr auf, daß sie bei ihm die Kraft wiederfinden würde, die ihr jetzt fehlte, daß sie den Mut haben würde, weiterzuleben und dieses Leben zu lieben.

Ich lebe grad, da das Jahrhundert geht.
Man fühlt den Wind von einem großen Blatt,
das Gott und du und ich beschrieben hat
und das sich hoch in fremden Händen dreht.

Man fühlt den Glanz von einer neuen Seite,
auf der noch Alles werden kann.

Die stillen Kräfte prüfen ihre Breite
und sehn einander dunkel an.

Rainer Maria Rilke

Quellen

Oscar Wilde: Der eigensüchtige Riese
Rechte bei der Erbengemeinschaft Franz Blei
c/o Internationaal Literatuur Bureau, Hilversum

Rabbi Nachman von Bratzlaw: Von den zwei Malern
aus: Nachman Ben Simcha, Die Erzählungen des Rabbi Nachman von Bratzlaw
© 1985 Carl Hanser Verlag München Wien

Dr. Joseph A. MacDougall/DouglasHow: Das Kind rettete die Mutter
aus: Moody Monthly, USA, December 1988

Manfred Hausmann: Sie spielt zu einer Hochzeit auf
aus: Manfred Hausmann, Martin, Isabel, Andreas
© 1973 C. Bertelsmann Verlag GmbH, München

Siegfried Lenz: So war es mit dem Zirkus
aus: Siegfried Lenz: So zärtlich war Suleyken, Masurische Geschichten
© Hoffmann und Campe Verlag, Hamburg 1955

Max Bolliger: Die versteinerte Prinzessin
Rechte beim Autor

Gudrun Pausewang: Ich werd mal so wie Onkel Sepp
aus: Gudrun Pausewang, Es ist doch alles grün
© by Ravensburger Buchverlag 1991

Alexander Keller: Die Mutter der Wölfe
aus: Alexander Keller, Die Mutter der Wölfe, Gayda Press Günzburg

Johannes Gillhoff, Am Sterbebett der Mutter
aus: Johannes Gillhoff, Jürnjakob Swehn, der Amerikafahrer
Weiß Verlag, Dreieich

Robert Fulghum: Die besondere Hochzeitsgeschichte
aus: Robert Fulghum, Mit einem Lächeln leben lernen
Alle Rechte an der deutschsprachigen Ausgabe beim Wilhelm Goldmann Verlag GmbH, München 1960

David Henry Wilson: Der Elefant auf Papas Auto
aus: David Henry Wilson, Ich und du und die ganze Welt
© Copyright Gertraud Middelhauve Verlag, München

Axel Kühner: Meine Quellen
Rechte beim Autor

Henry Gerecke: Es ist in keinem andern Heil
aus: «Het Zoeklicht», Nr. 1, 1948

Siegfried Lenz: Die Nacht im Hotel
aus: Siegfried Lenz, Jäger des Spotts, Geschichten aus dieser Zeit
© Hoffmann und Campe Verlag, Hamburg 1958

Stefan Andres: Fahr mit Gott, Lutka
aus: Stefan Andres, Die schönsten Novellen und Erzählungen
© R. Piper & Co. Verlag, München 1982

Rabbi Nachman von Bratzlaw: Vom Verlust der Königstochter
aus: Nachman Ben Simcha, Die Erzählungen des Rabbi Nachman von Bratzlaw
© 1985 Carl Hanser Verlag München Wien

Axel Kühner: Das Leben neu geschenkt
aus: Axel Kühner, Das Leben neu geschenkt
Aussaat Verlag, Neukirchen-Vluyn 1993

Rabbi Nachman von Bratzlaw: Der König, der zum Abfall vom Glauben zwang oder Vom Stier und vom Lamm
aus: Nachman Ben Simcha, Die Erzählungen des Rabbi Nachman von Bratzlaw
© 1985 Carl Hanser Verlag München Wien

Marianne Kaindl: Er räumte die Steine weg
Rechte bei der Autorin

Klaus Peter Hertzsch: Die Geschichte von Daniel und den Löwen in der Grube
Mit Genehmigung des Radius-Verlags entnommen aus: Klaus Peter Hertzsch, Der ganze Fisch war voll Gesang, Biblische Balladen zum Vorlesen
Copyright Radius-Verlag, Stuttgart 1994

Axel Kühner im Aussaat Verlag

Das Leben neu geschenkt

Text-Bild-Band mit vierfarbigen Bildern
48 Seiten, Hardcover,
Best.-Nr.: 154 878 / ISBN 3-7615-4878-8

In diesem eindrucksvollen Band erzählt Axel Kühner die Geschichte von zwei jungen Menschen, die in einer fast aussichtslosen Lage, eingeschlossen in einem Kühlhaus, unmittelbar Todesängste, Verzweiflung und Hoffnung auf Rettung erfahren.
Der Verfasser zählt das geschilderte Erlebnis zu den eindrücklichsten seiner Kindheit. Mit einprägsamen Bildern denkt er über die Grenzen des Lebens und das neue Leben nach, das wir in der Zuwendung Gottes geschenkt bekommen.

Überlebensgeschichten für jeden Tag

ABCteam-Geschenkband, mit Bibelstellenverzeichnis und Stichwortregister, 352 Seiten, Paperback
Best.-Nr. 111 523 / ISBN 3-7615-1523-5 **7. Auflage 1996**

Im beliebtesten Band von Axel Kühner wurden für jeden Tag des Jahres Geschichten und Beispielerzählungen zusammengetragen und vom Verfasser in einen ansprechenden Rahmen gestellt. Es sind «Kalenderblätter», die mit allerlei Nacherzähltem wie Selbstverfaßtem Lesern aller Altersgruppen tagtäglich Zuversicht und Freude bringen.

Eine gute Minute

365 Impulse zum Leben

ABCteam-Geschenkband, mit Bibelstellenverzeichnis und Stichwortregister, 288 Seiten, Paperback
3. Auflage 1995 *Best.-Nr. 111 571 / ISBN 3-7615-1571-5*

Lebendige Geschichten und wichtige Gedanken, sprechende Bilder und stimmige Beispiele, gute Argumente und überzeugende Fragen sind hier wie bunte Perlen auf eine Schnur gereiht. Es sind Texte für jedermann zum Lesen und Besinnen, zum Vorlesen und Nacherzählen und vor allem zum Leben und Lebendigwerden.

schöne Bücher

Sechzehn ansprechende Kurzgeschichten regen zum Nachdenken an: Was bewegt junge Menschen? Etwa dann, wenn die Eltern sich getrennt haben? Da ist der Fünfzehnjährige, der seine Not überspielt und nach außen eine Fassade aufbaut. Da ist die Siebzehnjährige, die den fernen Vater sucht, sein Bild verklärt und der Mutter gar nicht mehr traut...
Zwischen den Generationen gibt es Sprachprobleme und Konflikte; Gerd Schimansky bündelt viele Aspekte zum Thema, schafft einen reichen erzählerischen Rahmen und gelangt zur Frage des gegenseitigen Verstehens, das immer neu angeregt wird.

Gerd Schimansky

Glücksgewitter – Orage heureux

Geschichten zwischen den Generationen

Gebunden, 112 Seiten
ISBN: 3-7615-9301-5
Best.-Nr.:609 301